デジタル起点でリアルでも勝つ！

売り方のオンラインシフト

玉井博久 Tamai Hirohisa

本書内容に関するお問い合わせについて

このたびは翔泳社の書籍をお買い上げいただき、誠にありがとうございます。弊社では、読者の皆様からのお問い合わせに適切に対応させていただくため、以下のガイドラインへのご協力をお願い致しております。下記項目をお読みいただき、手順に従ってお問い合わせください。

●ご質問される前に

弊社Webサイトの「正誤表」をご参照ください。これまでに判明した正誤や追加情報を掲載しています。

正誤表　https://www.shoeisha.co.jp/book/errata/

●ご質問方法

弊社Webサイトの「刊行物Q&A」をご利用ください。

刊行物Q&A　https://www.shoeisha.co.jp/book/qa/

インターネットをご利用でない場合は、FAXまたは郵便にて、下記"翔泳社 愛読者サービスセンター"までお問い合わせください。

電話でのご質問は、お受けしておりません。

●回答について

回答は、ご質問いただいた手段によってご返事申し上げます。ご質問の内容によっては、回答に数日ないしはそれ以上の期間を要する場合があります。

●ご質問に際してのご注意

本書の対象を越えるもの、記述個所を特定されないもの、また読者固有の環境に起因するご質問等にはお答えできませんので、予めご了承ください。

●郵便物送付先およびFAX番号

送付先住所　〒160-0006　東京都新宿区舟町5

FAX番号　03-5362-3818

宛先　（株）翔泳社 愛読者サービスセンター

※本書に記載されたURL等は予告なく変更される場合があります。

※本書の出版にあたっては正確な記述につとめましたが、著者や出版社などのいずれも、本書の内容に対してなんらかの保証をするものではなく、内容やサンプルに基づくいかなる運用結果に関してもいっさいの責任を負いません。

※本書の内容は2021年4月現在の情報等に基づいています。

はじめに

「売り方」をオフラインからオンラインにシフトする

本書は新型コロナウイルス感染症を契機に、実店舗や対面でのビジネスができなくなり、デジタル化を迫られているものの何をどうしたら良いか見当がつかない方々に向けて書いた「売り方」の提案書です。

生活者がモノを買う起点がリアルからデジタルに、オフラインからオンラインに急速に変わりつつあります。売り手もそれに合わせて売り方をオンライン起点に変えていかなければなりません。本書ではこれを「売り方のオンラインシフト」と呼び、現在のオフライン中心の販売モデルから、売り方のオンラインシフトを完成させるまでの7つのステップとその実践方法を解説していきます。

かくいう私も、売り方のオンラインシフトの渦中にいます。私は現在シンガポールに暮らしながら、B to Cプロダクトを世界展開していくための売り方を考え、実践しています。オンラインを起点とした活動に試行錯誤を重ねる日々です。働き方も大きく変わり、新型コロナ対策として2020年の3月中旬から10月中旬までの7か月間は一度たりとも会社に行きませんでした。しかしその間にもミーティングはもちろんのこと、消費者調査やテレビCMの撮影、人事研修など、全て家から実施していました。

今ではTeamsやZoom、Meet、Wherebyといったオンラインビデオ会議ツールが充実していて、職種にもよりますがこれらを活用することで会社や撮影現場、消費者調査会場やご家庭に訪問しなくても、ほとんど問題なく仕事に取り組めています。この5年ほどでテクノロジーが本当に進化しているのだと感じずにはいられません。

一方、シンガポールでは6月中旬までは離れて暮らす家族に会うこともままならず、その後も外出時に建物に入る際はスマホを入り口のQRコードにかざして自分のID情報を登録し政府のデータベースに残されるなど、個人の行動は厳しく制限・監視されています。

このような生活をしていたものですから、当初は新型コロナに対して強い嫌悪感を抱き、生きる自由が奪われたものだと悲観的に捉えていました。しかし新型コロナが収束する気配が感じられないなと思った時に、このまま自由がなくなったことにただいら立つよりも、新型コロナがあったからこそできるようになること、これがなかったら決してできなかったと後でいえるようなことに目を向けようと感じ始めました。

コロナショック、コロナ危機ではなく、もしかしたらコロナチャンスになりえないだろうかと。そこで、リモートライフによってビジネスの在り方はどう変わっていくのかを、コロナ禍にいる一人の人間として、自らも含めた人々の生活の変化、社会の移り変わりを観察して考えた結果、この本を書き上げることにしました。ステイホームであっても、私たちは思考を自由に羽ばたかせることができます。

○ 変化の兆しがあるところには必ず商機がある

振り返ってみると、私の過去5年間はステイホーム中の思考を飛躍させる助走期間ともいえるものでした。世界で生じているデジタル化による創造的破壊に対する危機感から、2015年より5年連続シリコンバレーに、2018年より3年連続CES（Consumer Electronics Show：アメリカで毎年1月に開催される電子機器の業界向け見本市）に、また深圳やイスラエルにも足を運び、グーグル（Google）、ユーチューブ（YouTube）、フェイスブック（Facebook）、アマゾン（Amazon）、アリババなどのテックジャイアントの本社にも訪れるとともに、世界最難関といわれるミネルバ大学も視察し、最新のデジタルテクノロジーがどのように私たちをとりまく環境を変えようとしているのかを目の当たりにしてきました。

それによって得られた知見を、商品のマーケティング業務に取り込んだり、コンテンツプロデュースに生かしてＳＸＳＷ（South by Southwest：アメリカで毎年3月に行われる、音楽・映画・インタラクティブフェスティバルなどを組み合わせたイベント）やＣＥＳに出展したり、シンガポールで取り組むASEANのＥコマースビジネスに活用したりしてきました。

いまから考えるに、その時から既に売り方のオンラインシフトは始まっていました。新型コロナによってそれが急速に加速されたのです。同時に、新型コロナは企業規模によるビジネスの力の差をリセットしてくれるかもしれないめったにない機会だと捉えられます。

経済産業省の「２０２５年の崖問題とＤＸ推進に向けた政策展開」によると、２０１９年時点でデジタルトランスフォーメーションに取り組んでいる大手企業の割合は30％しかありません。また、ＩＭＤの発表する２０２０年版デジタル競争力ランキングによると、日本は27位でアジアの主要国の中でもデジタルの活用が遅れていることが分かります（1位アメリカ、2位シンガポール、3位スウェーデン、5位香港、8位韓国、11位台湾、16位中国）。このような状況ですから、企業の大小を問わず、全ての企業がほぼ同時期にデジタル中心のビジネスをするスタートラインに立ったといえます。

大きいものではなく、早く適応したものが勝つ。変化の兆しがあるところには必ず商機があります。

全世界レベルで「移動の制約」を受ける中、手探りであっても確からしい、そして新しい「売り方」を模索したい。そこで本書は、現実を観察し整理することで新たな現実を捉え、それにどう対応していくかを仮説立てし、ケーススタディによる仮説検証を行う、という3章構成でまとめています。

第1章 観察

第1章では、現実をつぶさに観察するところからスタートします。大規模な調査を実施するのではなく、自分の周りで何が起こっているのか、どういう意識や行動の変化が生じているのか。それがある程度の社会性を帯びているのかを、インターネットやテレビからの情報、そして他国の人との会話から同じような現象が自分自身の周り以外でも起こっているのかを並行して確認します。

これは私がコピーライター時代に教えてもらったアプローチで、強いコンテンツは自分の中にある社会性を見つけた個人から生まれるというものです。自分の中にある問題意識の中には大別すれば、他の人には理解できない自分だけが感じるもの、何人かは理解を示してくれるもの、そして多くの人に共感されるものがあります。

たとえ一個人から出発したものであっても、多くの人に共通するものがあります。そこを見つけ出すアプローチになります。起業家が自分が欲しいものを手掛けて、それが結果的に多くの人に受け入れられる商品に至ったというのは、これと似たケースだといえます。

一方で、自分の身の回りでは起きていなくても、他のどこかで起こっている現象が存在するはずです。ただしそれは、そうした現象が起こっているらしいと他人事になってしまうと考えています。そのため大規模な定量調査をして現象を抜けもれなく論理的にまとめようとするよりも、自分が心から納得できる現象のみをピックアップしています。

コロナパンデミックを契機に自分の身の回りで起こっていることが世間でも起こっているのかを照らし合わせ、これは社会的な現象と考えられるものを抜き出し、その現象を抽象化してみると、ミーニングフル（Meaningful）、エンゲージメント（Engagement）、セルフディフェンス（Self-Defense）という3つの現象が浮かび上がってきます。それぞれ詳しくは後ほど説明しますが、これらの現象はいままで存在していなかった全く新しいものではなく、既に一部の人が取り組んでいるものだったり、5年後くらいには普及するといわれていたりするものです。

第2章 仮説立て

続く第2章では、ミーニングフル、エンゲージメント、セルフディフェンスを踏まえて、これからどのような売り方をしていけばよいのかを考えていきます。テックジャイアントやデジタルイノベーション震源地での視察、グローバルマーケティングカンパニーからの学び、自らが実際に取り組んでいるマーケティング活動、Eコマースビジネス、コンテンツプロデュースの経験をつなぎ合わせることで、仮説立てしています。

具体的にはマーケティングの7Pと名付けた取り組みを行うことで、売り方のオンラインシフトが完成すると考えています。パーパス（意義）、ポスト（投稿）、ページ（デジタル接点）、ピュア（純粋）、パーソナライズ（個別化）、パーティシペーション（参加）、パフォーマンス（成果）の頭文字から7Pと呼んでいます。

第3章 ケーススタディによる仮説検証

第3章は仮説検証のステップに進むわけですが、アメリカや中国企業の事例では日本の市場環境に通用しない可能性もあるので、日本企業に絞った結果2つの事例に着目することにしました。ヤッホーブルーイングとスノーピークです。ヤッホーブルーイングは「よなよなエール」を代表とするビールメーカーで、スノーピークはアウトドアメーカーです。実は両社にはいくつかの共通点があります。１９９０年代に突然ブーム（地ビールブームとオートキャンプブーム）が終わり、売上が激減してしまいました。何とかするために自分たちの存在意義を見つめ直し、お客様との関係を改めて重視し、オンラインを通じた顧客接点を持つようになり、企業業績を回復させたのです。

実店舗や対面接客といったオフラインでの事業活動が突如できなくなり、売上が激減してこれまでとは別のやり方を模索しなければならない現在の私たちにとって、両社の取り組みは学びの宝庫です。型破りのマーケティングをしてきたといわれるヤッホーブルーイング、マーケティングはしないというスノーピーク。それぞれの具体的な取り組みについては後述しますが、その内容は私がこれまでシリコンバレーや深圳、イスラエル、そしてテックジャイアントに実際に足を運んでこの目で見て感じてきたことに近い感覚があったのです。

みなさんのビジネスにおいて、本書がコロナをピンチからチャンスに変えるきっかけになれば幸いです。

玉井博久

会員特典について

本書の会員特典として5つのメニューを用意しています。
以下のサイトにアクセスしてダウンロードファイルの入手や
イベント申込みをしてください。

https://www.shoeisha.co.jp/book/detail/9784798170923

1 「マーケティングの7P」のフレームワーク（書き込み式）

2 ケーススタディによる特別解説
「えんとつ町のプペル」と「Her lip to」

3 オンライン対談イベント
著者と豪華ゲストの対話から新しい「売り方」を学べる

4 オンラインセミナー
マーケティングの7Pの超実践法をつかめる

5 著者とのオンライン1on1
抽選で著者と1時間マンツーマンでビジネス相談ができる

※会員特典データのファイルは圧縮されています。ダウンロードしたファイルをダブルクリックすると、ファイルが解凍され、ご利用いただけるようになります。

※イベントテーマや内容は予告なく変更となる可能性がございます。あらかじめご了承ください。

注意

※会員特典データのダウンロードには、SHOEISHA iD（翔泳社が運営する無料の会員制度）への会員登録が必要です。詳しくは、Web サイトをご覧ください。
※会員特典データに関する権利は著者および株式会社翔泳社が所有しています。許可なく配布したり、Webサイトに転載することはできません。
※会員特典データの提供は予告なく終了することがあります。あらかじめご了承ください。

免責事項

※会員特典データの記載内容は、2021年4月現在の法令等に基づいています。
※会員特典データに記載されたURL等は予告なく変更される場合があります。
※会員特典データの提供にあたっては正確な記述につとめましたが、著者や出版社などのいずれも、その内容に対してなんらかの保証をするものではなく、内容やサンプルに基づくいかなる運用結果に関してもいっさいの責任を負いません。

CONTENTS

第1章 オンラインシフトした世界の価値観
――MESが前提となる時代

第2章 「売り方」のオンラインシフト

第3章 「売り方」のオンラインシフトの実践方法とケーススタディ

第1章

オンラインシフトした世界の価値観
――MESが前提となる時代

ミーニングフル――自分にとって意味があるか

新型コロナの影響により、平時なら絶対に実施しないようなことを、政府も企業も学校もすぐに決断して大胆にトライしています。そんな状況において、経済的・社会的活動を何とか支えてくれているのが、デジタルテクノロジーです。20年前に今と同じことが起こっていたら、ただ家でテレビを見るしか為す術がなかったかもしれないですが、現在多少の不都合・不具合を感じながらも経済的・社会的活動を継続できていることは、ある意味驚くべきことだと思います。

いつ新型コロナが終息するかは今なお全く予想できませんが、仮に終息しても、私たちが体験した強制的なオンラインシフトによる経済的・社会的活動が、人々の意識や感覚から消えることはないでしょう。そうであれば一時の悲観的な出来事と捉えるのではなく、ポジティブに、今の、そして今後の事業活動に生かしていきたいと思います。リモートライフの浸透で一気に注目度が上がったZoomをはじめ、ネットフリックス（Netflix）やアマゾン、マイクロソフト（Microsoft）などのＩＴ企業は、多少の影響はあるものの人々のオンラインシフトを事業の追い風にしているといっても過言ではないでしょう。こうしたＩＴ企業だけでなく、私たちの生活の変化を全ての企業がプラスに転換することができるのではないかと考えています。

コロナパンデミックの直後にメルセデスベンツやアウディ、マクドナルドなどのブランドがソーシャルディスタンスを持たせた自社のロゴをユーチューブやフェイスブックなどに投稿して反響を呼びましたが、コロナパンデミックによって出てきたある種の〝流行語〟が「ソーシャルディスタンス」です。

他の人間との物理的な距離を取りなさいというのが、コロナパンデミックが私たちに与えた制約です。しかし、それにより私たちはただ家に籠もってじっとしているのかというと、そうではなく、物理的な距離を保ちながらも人々や社会とつながろうとしています。面白いことに厚生労働省が提示する「人との接触を8割減らす、10のポイント」においても、物理的な距離を取りながらも、人々とどうすればつながることができるのかが紹介されています。オンライン帰省やオンライン飲み会がそれにあたります。

私が住んでいるシンガポールでも、基本的に政府はリモートワークを奨励しています。国はおろか、家を出ることすらも歓迎されない中、それでもオンラインシフトによって人々は人や社会とつながろうとしています。ソーシャルディスタンスを取ってまでしても、オンラインを通じて人や社会とのつながりを持とうとする人間に目を向けると、3つの興味深い現象が起こっているといえます。その1つがミーニングフル、すなわち自分にとって意味のあるものを求めることです。

○ 要るものと要らないものがより鮮明になる

「いつまで生きられるか分からないなら本当に必要なものでちょっと良いものを買いたいと思うようになった。他人の目を気にする必要はなくて、自分が気に入ったもの、自分にとって必要なもの、自分に合ったものを欲しいと思うようになった」と20代の大学生が新型コロナによる生活の変化を受けて考えるようになったという話を聞きました。

不要なものを持たない考え方は、ビフォーコロナからありました。日本ではかなり前から断捨離やミニマリストという言葉が流行り、必要なモノしか持たない生活が取り沙汰されていました。これは世代問わず起こっていた価値観のシフトでした。例えば私はジェネレーションZ世代よりも一つ上のミレニアル世代ですが、子どもの時に阪神淡路大震災を経験して自分のモノがつぶれたり、盗まれたり、学校や周りの家が簡単に崩れる姿を見て、形のあるものには限りがあると考え、モノを持たない人間になってしまいました。私のオフィスのデスクには基本的に何もありませんし、家にもほとんど何もありません。

私よりも二回り以上上の世代の、元リクルートで杉並区立和田中学校校長を務めた藤原和博氏は、家の近くの図書館が自分の本棚だと考えているそうで、ご自身の本を図書館に寄贈されています。これも持たない生活といえます。さらに80歳を越える京セラの稲盛和夫氏は著書の『心。』（サンマーク出版、２０１９年）で、「自分のものと信じて疑わない体や心、思考や感情、もしくはお金や地位や名誉、能力や才能までが全て借り物であり、みんなどこからか与えられた付属品にすぎない。（中略）私たちが自分のものと考えているものはみんな、現世における一時的な預かりものにすぎません」と述べています。モノどころか自分の体や思考すら、所有していないというのです。

稲盛氏ほどの境地にたどり着く人は稀有でしょうが、持たないライフスタイルは、アメリカやシンガポールでも広がっています。２０１９年にネットフリックスで特集された

〝こんまり〟こと近藤麻理恵氏の影響もあり、不要なモノは持たない・買わない生活へと移行しつつあります。世界中に一気に広がったUberはシェアリングエコノミーの代表格ですが、まさに持たないライフスタイルを体現するサービスでしょう。現在は感染リスクによりシェアリングサービスは苦しい立場にありますが、不要なものは持たない、必要なモノだけ手にするという価値観はなくならず、むしろ加速し、自分にとって意味のないもの、ミーニングフルを感じられないものには手を出さなくなってきています。

「不要不急」という言葉から、不要なものを無意識に考えざるを得なくなっており、また先行きがどうなるか分からないことによる無駄な支出を避ける節約意識の高まりも、この流れをより一層加速させています。

○ 大量生産、マス広告、大量消費の終焉

必要なものだけを手にしたいという考えは、普通に考えれば当たり前の感覚です。どこの誰が要らないものにお金を払ってまで買おうとするのでしょうか。しかし、自分の身の回りを見渡せば、なぜか購入してしまった不要なものがたくさんあるのが現実です。そもそもどうして私たちはそんな不要なものを購入してしまっているのでしょうか。

ちょうどそんな疑問について考えていた2020年5月。子どもたちが父親に向かって「こんなコロナ禍に頑張ってくれてありがとう」といっているテレビCMが流れてきました。大変な時に頑張ってくれている感謝を父の日に伝えようという内容です。その時私は、誰かが勝手に決めた父の日、ましてやテレビからこんな風にいわれて刺激を受けた家族から感謝されてうれしいのだろうか、そもそもこうした何とかの日が多いのではと感じました。バレンタインデーやアメリカのブラックフライデー、シンガポールで毎年夏に開催されるグレートシンガポールセール、中国でアリババが仕掛けるダブルイレブンなど、どれも理由をこじつけて、人々に消費することを押し付けているのではないでしょうか。

仕事柄、私も同じことをやってしまっていると気づき、そういうブランド活動はそろそろ

終わりにしていかないと、生活者に見捨てられてしまうような気がしています。

何とかの日と同じように、毎年何かしらのバージョンアップをする商品も同じように消費者をつくり出しているといえるでしょう。私はあるノートパソコンを7年使っていましたが、調子が悪くなってお店に持っていったら、店員から「長く使いすぎです」といわれ、2、3年したら買い替えることをすすめられました。ですが、私は新しく買い替えるより、一度買った商品を長く使いたいと思っています。2年くらいすると使えなくなる電化製品、1シーズン着て捨てるようなファストファッション。いつの間にかマーケティングによってそのような価値観を押し付けられて、生活者は知らず知らずのうちに、ただ消費することをまるで麻薬のように続けさせられています。

私たちはいつの間にか顔の見えない人にまで商品を販売するようになりました。より多くの人によりたくさん買ってもらうために、商品をいかに効率よく、安く早く一律に作れるかを考え、一度により多くの人に商品を知ってもらえるやり方を使って、とにかく商品が在庫になることなく売り切ろうとする。そんなビジネスが1760年頃から約250年の間にどんどんと大きくなってきています。

1801年にイギリスで大量生産が始まるまでは、顔の見えるお客様から個別に注文を受け、商品を提供する商売をしていました。しかしその後、アメリカの生産者がより効率的な商品の提供方法を考え、大量生産が加速していきました。いつしか顔の見えるお客様から、顔の見えない大量のお客様にいかに効率よく売り切るかというビジネスに移行してきたのです。そもそもビジネスは誰かのためになることをして初めてお金をいただくものなのに、その誰かがどんどん分からなくなってしまい、お客様の顔を知らないという奇妙な現象が起こっていたのです。昨今は多くの企業が、調査をしないとお客様を知らないという状況です。お客様を代表する架空の人物像であるペルソナを考えてから商品を企画することを私たちはいつの間にか当たり前だと思うようになってしまいました。

一方で、消費者と呼ばれる人々も最初は単に自分の生活に彩りを与えてくれるものをちょっと欲しいと思っていた程度だったはずです。自分が消費者だという認識などなかったのに、どんどん「消費」をあおられ、気が付けば大量消費を担う消費者にさせられてしまったわけです。1950年代には三種の神器という言葉でマーケティングされ、3Cという言葉でまたマーケティングされ、平成には新・三種の神器という言葉でさらにマーケティングされ、どんどんと消費者は消費を促されてきました。

大量生産して、大量消費される。その構造を支えていたのが、売り切るための多額の広告と販促プロモーション、大量に陳列してもらうための流通へのインセンティブ、そして値下げによる在庫処分セールです。消費を促進させるために頻繁に新モデルを投入すれば、旧モデルは在庫行きとなり、結果店頭で値引きすることで売り切ることになります。このようなサイクルなので、テレビCMへの出稿、店頭での棚の確保、果ての値引き競争が過熱し、資金力のある大企業でなければ戦うことが難しくなってきます。その結果、あってもなくても良い商品が溢れてしまっているのではないでしょうか。だからこそジェネレーションZと呼ばれる世代やミレニアル世代は特に欲しいものがなくなっています。そして突如訪れた巣籠り生活で、自分たちがマーケティングにのせられて不要なものを買ってきたことに気づき始めています。

日本生命保険相互会社の「コロナ禍で変化したこと」についてのインターネットアンケートによると、コロナ禍をきっかけに新しく始めたことの1位が「不要品の処分」だったといいます。不要なものを見直し、今後は他人が決めたものではなくて自分にとって必要なもの、自分に合ったものを買おうとしています。そもそも人生における優先順位すら再評価しているわけですから、価値のないものには1円も払いません。それでも彼ら・彼女たちが持っているものは完全にその人にとって必要なものです。機能的な意味だけでなく、感情的な意味も含めての必需品で、その人にとってミーニングフルなものです。どんな人が手に取るのか分からないけれど大量生産し、みんなが買っているから購入する、といった大量消費の時代はリモートライフの到来を機に終わりを告げようとしています。大量生産、マス広告、大量消費の終焉。あったらよいものではなく、なくてはならないもの。そういうものだけが売れる時代が到来しています。顔の見える人に、その人にとってなくてはならないものを提供する、より商売人らしいビジネスが花開くのです。

有意義な、意味のあるつながりを求める人々

「明日からリモートワークをしてください」「授業は全てオンラインで行います」といったアナウンスが突然なされ、社会人も学生も家で仕事や勉強をすることを経験しているわけですが、私は当初多くの人がリモート生活によって浮いた時間（例えば通勤時間）を〝怠惰に〟過ごすものだと思っていました。しかしある日、中国青年報社社会調査センターが問巻網（wenjuan）と共同で実施した調査報告で、94・3％の人が「自宅待機中に新しいスキルを勉強した」と回答したというニュースを見ました。私の周りでもオンライン英会話を始めた人が何人もいます。ASEANのソーシャルリスニングでもオンライン学習に関する内容に伸びが見られ、人々はただ家の中で時間を浪費するのではなく、有意義な体験や時間の使い方を求めていることが分かり驚きました。買い物にしても実店舗の代わりにEコマース（EC）を利用するのはまだ分かるのですが、ライブストリーミングコマース（ラ

イブコマース（や生中継とも呼ばれる）を通じて購入している人が多くいることも面白いと感じます。買い物すらミーニングフルにしたい、楽しい体験にしたいのだと思いました。

　浮いた時間を少しでも有意義なものにするために、人々は家の中でエクササイズをしたり、料理やガーデニングといった趣味に没頭したり、新しい資格取得のための勉強をしたりしているわけですが、これらの時間にオンラインを活用し、他の人や何らかの社会的活動とつながることで、自分１人で取り組んでいたら得られない何かを得ようとしています。例えばエクササイズは、ただ１人でスクワットをするのではなく、オンライン動画を見ながらする。勉強にしてもオンラインのコースを受講し、１人で黙々と机に向かって勉強するわけではありません。少しでも生まれた時間をミーニングフルなものにするために、自分１人で取り組んでいたら得られないものを得ようとしてオンラインにつながるわけです。

　その得られないものの１つが、専門的情報です。エクササイズにしてもオンラインの学習コンテンツにしても、そこには一般の生活者が知らない何らかの専門的な情報が含まれていて、オンラインでつながることで、自分一人で取り組むよりはるかに有意義な時間を手に入れることができます。ひと昔前まではオンラインの代替がテレビ番組で、体操の番組や英会話講座の番組だったのかもしれません。それが４Ｇによるインターネット動画の爆発的普及により、人々が簡単に専門的情報にアクセスして、手に入れた時間を少しでもミーニングフルなものにしようとしているのです。この情報は、自分磨きを「楽」に進めることができる情報ともいえます。

もう1つが、生きる希望といえるような、外出自粛続きのつまらない毎日に「楽しみ」を与えてくれるものです。多くの人々はいつ終わるか分からない中で我慢を強いられ、こういう時だからこそポジティブでいたいと感じています。人々は、企業や商品が自分たちに前向きな気持ちや楽観的な希望、そして生きる自信を提供してくれることを期待しています。何かよく分からないけれど、自分の心がポジティブに揺さぶられる、自分と同じような情熱を持っている、あるテーマに対する強い想いを自分と同じように持っていると感じる。そうしたものを自分で発見し出会うことで、この世界において自らが帰属できる場所、存在している希望を探しているのです。

ユーチューブの副社長であるロバート・キンセル氏は、彼の著書『YouTube革命 メディアを変える挑戦者たち』（文藝春秋、2018年）で「心の奥深くでは、私たちはみんな、どこかに帰属したいと思っている。自分の意見を表明し、自分の経験には意味があり、自分の感情が大切だと思える場所だ。（中略）あなたと同じ様に見て、考えて、愛し同じ問題で悩んでいる人、同じ力に立ち向かっている人とのつながりをつくってくれる。たとえそういう人が近所に見つからなくても、ネットの世界なら見つかるかもしれない」と述べています。人と会う機会が減っているからこそ、より一層オンラインで、自分の居場所を感じられる情熱・想いに出会いたいと思っている人がいます。これは単なる共感とは違います。共感で止まるのではなく、もっと心が揺さぶられて思わず涙が出てしまうとか、うれしくて叫びたくなるとか、いてもたってもいられなくなるような強くてエネルギーが溢れているものに出会いたいのです。

そもそもなぜコンテンツというものが受け入れられているかといえば、自分の考えを肯定したい人々が存在するからです。むしろ全ての人が自分の考えや存在を肯定したいと考えているからこそ、壁画・演劇・活版・新聞・書籍・ラジオ・映画・テレビ・パソコン・スマホ・VRと、たとえメディアが変わってもコンテンツが求められ続けています。人々がコンテンツに遭遇し、感情移入して感動する一連の流れの中で、自らの存在や考えがこの世に受け入れてもらえることを実感します。たとえ外出できなくとも、有意義なつながりを人々は求めています。

エンゲージメント――生活者といかにつながるか

ソーシャルディスタンスを取ってまでしても、オンラインを通じて人や社会とのつながりを持とうとする人間の2つ目の現象は、生活者と商品とのつながり方に変化が見られることです。これは特定のデモグラ（demographic：人口統計学的な指標）に起こっていることではなく、あらゆる年代において、商品との関わり方が変わっています。一番分かりやすいものがオンラインショッピングです。今まで全くECでモノを買ったことのなかった高齢者や、たまにしかECを使わなかった人が一気に流れ込んできています。強制的な外出自粛が緩和されるに伴って利用者数は少し減少するとはいえ、ビフォーコロナと比較すれば利用者数は増加しています。今回のEC利用をきっかけに、わざわざ外出して買いに行くのではなくてECで済ませられるなら済まそうという意識も芽生えています。

生活者の巣籠り生活に対応してシンガポールではGrabFoodが、日本ではUber Eatsが一気に広がるなどの生活者の変化に対して、企業側もデリバリーを専門とした店舗を持たないゴーストキッチンタイプのお店を誕生させたり、Amazon Goのように店舗に人がいない無人タイプの店舗を手掛けたり、BOPISと呼ばれるオンラインで購入してお店でピックアップするというタイプのサービスを誕生させたりしています。このような変化の中、生活者とのつながり方、すなわちエンゲージメントについて考えていきたいと思います。

オンライン起点でビジネスを考える

外出が減ったため購入チャネルが変わり、それに伴って決済方法も変わり、外出したとしても店内行動に変化が起こっています。何かを買うためにわざわざ外に出る必要はないと思うようになりましたが、この考え方がコロナパンデミック前から存在していた都市があります。中国の上海です。私も上海のメンバーと日々やりとりをしていますが彼らが2016年頃から「ランチを買うために、わざわざオフィスから出ることはないかな」というようになりました。デリバリーサービスが台頭してきたので、ランチなら会社に届けてもらえばよいというのです。さらに夕食もオフィスから帰る前にネットで買って、家に着いたら届いているといった話もその頃から聞くようになりました。

出張で上海に行った時に紙幣を出したら、「うわぁ、久しぶりに現金を見た。普段現金は使わないから」と驚かれたのもちょうどその頃です。割り勘するにしても現金を渡し合うのではなく、スマホ内にあるWeChat Payの金額を送り合っていました。現在世界中で起きている新しい生活様式への変化を、上海は5年以上前から体現していたことになるわけです。上海はコロナパンデミックがあろうとなかろうと、何かを買うために外に出る必要がなくなっていたのです。

そんな中国では、グーグルチャイナの元CEOの李開復からOMOという概念が提唱され、近年日本のマーケティングにおいても着目されています。OMOはOnline-Merge-Offlineの略称であり、オンラインがオフラインを融合する、オンラインの中にオフラインが入り込むという概念です。この概念をまず理解することが、急速に人々がオンラインシフトする中、どのようにお客様とつながっていくのかのヒントになると考えます。

日本のこれまでの感覚で商品をお客様に販売することを考えると、常にオフライン（リアル店舗や対面でのお客様との接点）が起点となった商取引の姿をイメージしてしまうものです。これは日本がそうしたビジネスモデルで成長してきたから仕方のないことだと思いますが、この考え方を一度捨てないとOMOを理解することはできません。OMOはリアル店舗やインターネットという垣根を全く考えず、全てがオンラインであるとまず考えます。

例えばあなたが実際に渋谷の交差点を歩いていたとしても、そこでスマホのGPSをオンにしていて、グーグルマップで近くのカフェを検索してそのカフェに行ったとしたら、この一連の行動はオフライン（リアル）での出来事ではなく、オンラインでの出来事となります。今、あらゆる日常の現実空間での行動はスマホやセンサー、カメラを通じてデジタルデータとして採取可能になっています。いつどこで誰が何をしたのかが、それがたとえリアルでの出来事でもオンラインのデータとして記録されることになります。これがオンラインがオフラインを融合するというゆえんです。私たちはどこにいてもオンラインの世界に存在していると考えます。リアルでの活動が主であり、インターネットは従という考え方ではありません。

　オムニチャネルというワードが数年前に生まれましたが、オムニチャネルはその当時は未だリアルでの接点が主に寄りがちで、どうオンラインのチャネルを組み合わせていくかという発想に近かったことに対して、ＯＭＯは全てオンラインだと考えているところが異なります。続きはウェブで、ではなく全てはウェブだという考え方が上海では既に始まっていて、私たちはニューノーマルの到来によってこの考え方を半強制的にインストールされつつあります。百貨店のアパレル店員が来店したお客様に対面接客するのではなく、Zoomでオンライン接客してから商品をネットで購入してもらい自宅にデリバリーするという現象は、外出自粛に関係なくＯＭＯの考え方そのものだといえます。

　ＯＭＯを簡単にまとめると、オンラインとオフラインを分けて考えるのをやめることです。オンラインの接点が基本で、たまにオフライン、リアルな接点があります。ウェブ上で出会った人たちがウェブ上で日々やりとりしながらも、たまにオフ会を開くことがありますが、そのイメージで考えてください。オフ会はよほどのことがない限り起こりません。なぜならオフラインは主ではなく、オンラインがデフォルトだからです。この考え方をまず認識し、非接触経済が加速する今、私たちはオンライン起点でビジネスを考える必要があるのです。

○ EコマースではなくEXコマースに取り組む

ニューノーマル時代にオンライン起点でビジネスをするイメージを描くヒントとなるのが、EX（Experience：体験）コマースという考え方です。私たちは単なるEコマースではなく、EXコマースに取り組んでいく必要があります。

シンガポールにはホーカーという屋台の集合体のような場所があり、そこが庶民の憩いの場となっています。例えば選挙の時に、政治家が足を運ぶのが日本なら駅前ですが、シンガポールはこのホーカーになります。ホーカーでは、いわゆるB級グルメを安く提供しているのですが、このホーカーですらオンライン起点でのビジネスを始めている店があります。飲食店の店長が自分の販売しているチキンライスのこだわりの作り方をフェイスブックライブで中継し、それを見たお客様がそのままオンライン上で購入し、調理されたチキンライスはデリバリーサービスを通じて購入者の家に届けられているのです。日本で例えるなら出店の焼きそば屋さんをイメージしてください。焼きそば屋さんは目の前の通行人に呼びかけるのではなく、こだわって作っている姿や商品に対する想いを動画を使ってオンラインで生中継し、それに心揺さぶられた人々がこの人の作っているものを食べたいと感じて、そのままオンラインで購入ボタンをクリックする流れです。それが数十分後に自宅にデリバリーされるということが、シンガポールで起こっています。

この時お客様は確かにチキンライスを食べるのですが、チキンライスを購入したというよりは、作り手のスタンスやチキンライスに込められた物語などの体験を、チキンライスと一緒に購入しているといえます。オンラインが起点だからといって単にECサイトに自分のチキンライスの画像を掲載して、それを購入してもらったのではありません。自分たちのこだわりや物語をオンラインという場で伝えているのです。たとえ会えなくても、オンラインを通じてその熱量や想いをお客様に伝え、「買いたい！」と思わせることに成功しています。

このEコマースからEXコマースへの発想の転換は、オンラインが起点となったビジネスにおいて欠かせません。これを体現しているスタートアップがビフォーコロナよりアメリカで急増していました。DNVBといわれる存在です。Digitally Native Vertical Brandの頭文字をとった言葉で、ブランドの顧客体験を重視し、デジタルネイティブをターゲットとするデジタル発のブランドです。オンラインが顧客との接点であるため、顧客データを直接保有することができ、オンラインを通じて顧客と親密な関係を構築しようとします。特に自分たちのこだわりや物語に共感してもらうコンテンツを提供し、それをマス媒体ではなくＳＮＳを中心に展開しファンを広げていきます。そしてＥＣでお客様に直接販売します。既に多くのDNVBが生まれていて、オーガニックフードやコスメ、ベビーケア製品、シューズ、旅行グッズなどの分野で、既存の大手企業を揺るがしつつあります。２０１６年にユニリーバに買収されたDollar Shave Clubもその一つです。

Dollar Shave Clubは新興企業の新規参入が難しいといわれるカミソリ市場で成功したスタートアップです。商品はいたってシンプルで、カミソリの消耗品である替え刃をセットで購入してもらうビジネスです。オンラインによる接点で得た顧客データを基に、ユーザーごとに自分に合う替え刃を好きな頻度とタイミングで届けるサービスを月額７ドル程度で提供し大企業との違いを打ち出したのです。

何よりも創業者のマイケル・デュビン氏が自ら出演したユーチューブ動画にて自分たちの商品に対するスタンスを伝えることでファンを広げていきました。このようにDNVB

は、商品のこだわりをアピールするコンテンツを用意し、ＳＮＳを使って購入者に発信します。また顧客とオンラインでのつながりを持ちながら、オフ会も設けたファンマーケティングも実行します。そして多くのDNVBが、その商品を購入することがどのような社会的価値につながるのかも伝えようとしています。例えばウール、木、サトウキビから靴を製造しているブランドは、靴の購入が環境保護へのアクションにつながることをきちんと伝えています。どういう人が作っていて、どういう環境でその商品が育てられたのかをリアリティを持って伝える姿勢とその熱量により、人の心を動かそうとしているのです。心が揺さぶられる体験を届けることで、たとえ直接会わなくとも、お金を払っていただこうとする取り組みができることをイメージしてもらえるのではないでしょうか。

オンラインという新立地

オンライン起点でビジネスが始まるようになり、熱量さえあればどんなに小さな存在だったとしても、お客様との接点をつくることができるようになっています。アップル（Apple）とグーグルのスマホ、グーグル（&ユーチューブ）とフェイスブックのソーシャルネットワーク、アマゾンのＥＣという仕組みが、お客様側と企業側の両者をオンラインでつながりやすくしてくれているわけです。

一方、大量生産・マス広告・大量消費の20世紀から21世紀初頭を勝ち抜いてきた大企業は、オフラインの強みを築いてきました。スーパーやコンビニ、家電量販店の陳列棚、デパートや駅地下のテナント、交通量の多い大通りの路面店を手に入れるには、ある程度の時間をかけて知名度と財を積み上げていく必要がありました。マクドナルドを世界最大のファストフードチェーンにしたレイ・クロック氏が、マクドナルドの最大の資産はその立地だといったのを聞いたことがありますが、その立地（棚も含めて）という資産こそ、大企業がこれまで育ててきたオフラインの強みといえるでしょう。名もなき企業は、すぐにそのような立地を手に入れることはできません。巨額の利益を生む可能性を持っているユニコーンと呼ばれる企業たちですら、自らの時価総額の成長スピードと同じくらいの速さで、良い「立地」を手にするのは困難です。

しかし、立地をめぐる大企業とそれ以外との差がなくなろうとしています。むしろ良い立地という概念すらなくなろうとしています。リアルにおける立地は人々との接点の機会ではなくなり、スマホ、ソーシャルネットワーク、ECというスペースに制限のない場所がこれからの「新立地」となり、チャネルになりえる時代になろうとしているのです。これらの新立地は、確保するスペースの広さにはさほど意味はなく、むしろ情報の大海原から必要なお客様を磁石のように引き寄せる熱量こそが、差をつくる要素となってくるわけです。マーケティングの4Pのプレイスは、どの販路でお客様との接点を持つかというチャネル戦略を意味していましたが、もはやその発想は不要となるでしょう。むしろどんな熱量を持っているのかがお客様との接点づくりにつながります。どれだけオンライン上でスペースを確保したところで、発信する専門的情報や熱量で生活者を心揺さぶらない限り、出会いはつくれなくなるため、オンライン上のスペースを買い占める資金力は関係ありません。

生活者はオンライン生活に少しずつ慣れてきています。リアルでの店舗や対面接客でなくても、オンライン上で完結できるものであれば、それでよいと感じ始めています。一方企業側はどうでしょうか。外出自粛が落ち着けば、再び生活者はリアルな店舗に足を運び、対面での接客をまた望むようになると思っているのではないでしょうか。確かにリアルの店頭でないとモノを買わない人はいるでしょう。メディア接触という意味でも新聞を読む、テレビ番組を見るシニア層は確実に存在します。全てが、全員がデジタルに移行するわけではないでしょう。リアルには独特の体温・温度感があるのも事実です。

ただ、私はこれからのアナログ体験はプレミアムな体験になると予想します。今私たちはほとんどの出来事をデジタルで済ますことができ、どうしても欲しいものはデリバリーしてもらえ、一部の職業の方を除いて会社に行く必要もありません。そのような生活の中では、人の移動を介するものは特別なもの、高価な体験となると考えます。つまりオフラインでの体験・接客は、まるで飛行機のファーストクラスのような高額な費用を支払うことができる人のための選択肢になるのです。

一方でそのような選択をできる一部の富裕層以外のマス層は、早くて安くて楽なデジタルでの体験でよいと感じるでしょう。別にオリンピック会場でなくても、テレビで競技が見られたら十分だという感覚に近いです。だからこそ、コロナ終息後に多くの人がリアルな店舗に足を運び、対面での接客を以前と同じレベルで望むようになるとは考えていません。

その分オンライン起点のビジネスに移行するわけですが、オンラインだからこその良さは存在しています。私がコロナ禍で10回以上実施したオンラインの消費者調査で感じたのは、相手の方も自宅にいらっしゃるのでどんな生活感をお持ちなのかが理解しやすく、また簡単に自宅にあるものを提示いただくこともでき、既にお持ちのものに対して何かを提案する・ヒアリングすることのやりやすさです。これを転用すれば例えばアパレルショップや家具店がオンラインを起点にするメリットが考えられます。既にお客様が所有している他の服や家具を見せていただきながら、具体的にどううまく組み合わすことができるかといった提案ができるようになります。仮にリアルでの立地のメリットを失ったとしても、オンラインによる別のメリットが発生していることが窺い知れます。リアルの立地はプライベートショッピングなど、入場料を支払ってでも入りたいと考える富裕層向けのサービスとして残せばよいでしょう。視覚と聴覚だけでは補えない残りの感覚を必要とするものを、他の人よりも金額を支払ってもよいと考える人に向けて提供するのです。

オフラインの強みはジレンマになる

2020年1月、一人の才能がこの世を去りました。世界的なベストセラー『イノベーションのジレンマ』（翔泳社、2000年）の著者クレイトン・クリステンセン氏です。彼はこの著書の中で、変遷の早いIT業界を題材に、一度成功したイノベーターであっても、次のイノベーションに取り組むことが難しいことを研究結果と共に紹介しています。題材はIT業界ではありますが、このジレンマは業界問わず起こることが考えられます。どんなに優れたイノベーターであっても、目の前にある現在のビジネスの収益源を優先してしまい、その収益源を一切無益なものにしてしまう新しい存在に目を向けられないことを説きます。似たような考えが行動経済学でもいわれています。人はどれだけ得をする話をされても振り向かないのに、損をしない話には惹かれてしまうようです。これも次代の収益源よりも、目の前にある既に確定している収益源を失いたくないのです。こうした原理は、現在オフラインからオンラインへと橋を渡ろうとする企業にも適用されるでしょう。

ビフォーコロナで勝ち残ってきた企業はオフラインのスペースを持っている強みがあり、この強みにより多くの売上を得ています。今の売上だけ見れば、どれだけオンライン起点のビジネスが始まったところで、圧倒的にオフラインの売上の方が多いでしょう。だからこそどうしてもオンラインに注力できないのです。オフラインでしっかり稼ごうとして、オンラインは片手間となる中途半端な取り組みをしてしまうものです。さらにはオフラインの強みを持っている大企業であればあるほど、オフライン担当部署とオンライン担当部署が分かれており、お客様の取り合いが生じます。オンラインでの売上を目指すことは、オフラインビジネスにおけるお客様を奪われることと感じる人が生まれて社内対立が起こるため、オンラインシフトが進まない可能性があります。

ここで、一つの企業を紹介します。自粛生活の浸透で追い風を受けているだろうネットフリックスです。日本でも外出自粛期間中に新たに登録した方も多かったのではないでしょうか。ネットフリックスと全米最大のビデオレンタルショップだったブロックバスター（Blockbuster）との比較は、このジレンマをよく表していると思います。シンガポールで外出自粛が一部緩やかになった時に、家電量販店に行ってＤＶＤデッキを購入しようとしました。そうすると店員に「今時ＤＶＤデッキなんてシンガポール人は誰も買わない。みんなストリーミングで見るからＤＶＤは売っていない」といわれました。しかし、少し前まで多くの人々が映画はレンタルショップでレンタルして自宅で楽しんでいました。その業界でアメリカの最大の企業がブロックバスターでした。

　現在ユーチューブの副社長であるロバート・キンセル氏は前職の企業がネットフリックスでした。彼の話によると、ネットフリックスがブロックバスターに勝つためにＤＶＤの宅配レンタルビジネスを手掛けていた時に、創業者のリード・ヘイスティングス氏から、映画やテレビ番組をインターネットを通して自宅で観ることができないかと声をかけられました。他にも社内の何名かに声をかけていたようですが、事業の中核でない内容だったので誰も取り組もうとはせず、結果的に彼だけがそのプロジェクトに取り組むことになったといいます。これがストリーミングサービスとなり、ブロックバスターに勝利することにつながるのですが、そのネットフリックス社内ですら次代のビジネスチャンスにはなかなか目を向けられていなかったことが感じとれます。ネットフリックスはストリーミングサービスを本体から切り離して別企業にすることで実現させたわけですが、ブロックバスターはその可能性に気づきながらも実現できませんでした。２００７年に就任したＣＥＯ

がオンライン事業を敵視していたようで、ブロックバスターが保有する実店舗を戦略の中心にしてしまったわけです。そして2010年ブロックバスターは経営破綻します。デジタルによる業界構造の破壊（デジタルディスラプティブ）は止めることはできません。しかしそれでもまだブロックバスターのように、持つもののジレンマに陥ってしまう企業は多くなるでしょう。オフラインでの資産が大きければ大きい程、その危険性が高いと考えられます。

オフラインの世界における資産が多ければ、それだけニューノーマルにおけるビジネス運営に心理的障害が出てしまいます。一方で、棚・テナント物件・路面店を持たない企業は、そういったしがらみがない分、有利といえるかもしれません。オフラインでの資産はリセットされつつあります。今までは大きくて戦うことも難しかった競争相手との差が縮まる中、しがらみのない企業はコロナをチャンスに変えられる可能性があります。

2020年8月のお盆明けに、シンガポールのニュース番組は、日本の2020年4〜6月期実質GDPが年27・8％の減少で戦後最大だと報じました。戦争直後とは状況が違うとはいえ、戦後の日本では大企業が多くの資産を失い、規模の大小に関係なくほとんどの企業がゼロから再出発をしました。しかしその後Japan as No.1まで上りつめたわけです。その代名詞ともいえるソニーとホンダは、戦後生まれた企業です。終戦から75年たった2020年。コロナパンデミックによる歴史の転換期に、デジタル発で取り組みを始めることが強みになるでしょう。イノベーションのジレンマを逆手にとった企業が勝利を収めることができるのではないでしょうか。

セルフディフェンス——自己防衛意識にどう向き合うか

ソーシャルディスタンスを取ってまでしても、オンラインを通じて人や社会とのつながりを持とうとする人間の3つ目の現象がセルフディフェンスです。人々の自己防衛の意識が高まっています。

最下層の欲求をとにかく満たしたい

現在の生活者の一番の関心事が「安全」であることは間違いありません。世界は急激に安全を求めています。毎日何千人という単位で世界における新型コロナによる死者がネットやテレビで報道されています。私たちは平和を当たり前だと思っていましたが、今世界中の全員がまず自分たちの身の安全を確保したいという欲求を増幅させています。この欲求はこれまでゼロだったわけではありません。ただ安全であることがあまりに当たり前で気にする必要もなかったわけです。誰も外を歩いただけで死ぬかもしれない病気に感染するなんて思わなかったわけです。それなのに突然目に見えない敵が現れ、世界中に一気に広がりました。

ただ、これは今だけの特別な話ではありません。私たちはほんのつかの間の平和な期間を当たり前のように過ごしていただけなのかもしれないのです。１９９５年に阪神淡路大震災や東京地下鉄サリン事件があり、２００１年にはニューヨーク同時多発テロがあり、その後もテロが世界各地で続き、２０１１年には東日本大震災があり、原発による放射能汚染の恐怖が続き、コロナパンデミックに至ります。私が物心ついてからでもこれだけ自分の身の安全を脅かす出来事が起こっています。

もっと長い目で見れば第一次世界大戦からまだ約１００年、第二次世界大戦からまだ75年しか経っていません。感染症という観点では、梅毒、淋病、結核、インフルエンザ、腸チフス、天然痘など長い人類の歴史において私たちは絶えず生命の危機に遭遇してきました。新型コロナが終息したとしても、また新たに同様の未知なるウイルスがやってくるかもしれません。今回の出来事はある意味私たちの脳にトラウマのように記録されてしまいました。だからこそ、人々の中でまた同じような危機が訪れても、病気にかからない自己防衛意識が芽生えています。免疫力を高めておけば感染しない可能性が高いし、万一感染しても病気に負けずに済むだろうという意識です。

見えない敵に対して自分の体を防衛したい、免疫力を高めて病気にならないようにしたいと世界中の人々が願っています。免疫力、抗体力を高めるために、人々は健康診断を定期的に受けたい、日常的に運動をしたい、安全で健康的な食生活を確保したいと思うようになっています。

平たくいえば健康であろうとする意識になり、例えばインドネシアでは免疫力を高めるためにショウガやウコンなどが人気になったり、日本では納豆やヨーグルトが売れたりしました。衛生意識も一層高まり、外出して家に帰ってきたら真っ先にシャワーを浴びる人も増えているでしょう。それでも、私たちの不安や警戒心がやむことはありません。中には自分が感染した人と接触していないかまで知りたいがために、自分の日常の行動履歴を政府や一部の企業に提供してもよいと考える人まで出現しています。シンガポールでも感染者との接触をモニタリングできるアプリが一時多くの人にダウンロードされました。アップルとグーグルが短期間で開発した追跡機能を活用する人もいます。

またコロナパンデミック前からアメリカでは、自分の体内の血液にグーグルが開発するナノ粒子を入れて、自分も知らないような自分の血液の情報をグーグルに提供し、例えば自分が何らかの病気になる可能性があるのかといった情報を得ようとしている人がいました。健康で生きられるのなら自分の情報を第三者に提供してもよいという動きは既にありましたが、それがコロナパンデミックで加速しています。自分の健康状態を可視化して少しでも感染から身を守りたい、免疫力がまるで体重のように把握できるのなら、その数値を上げるために生活習慣を見直してもよいと思っています。自己防衛につながるのなら、個人情報を共有しても構わないのです。自分が何かの感染症に感染しているのか、感染者に接触したのか、感染してしまうような健康状態なのか。こうした自分の健康を守るための自己防衛は今後も続くでしょう。人々の健康に役立とうとすることは製薬や食品業界のみならず、あらゆる企業にとって事業を成長させる機会となりえます。

○個人情報に対する防衛意識の高まり

一方で、自分の行動履歴を細かく収集されたくないという考えも同じように高まっています。例えばある国ではまだ新型コロナ拡大の初期段階の際に、感染者はどこの誰でどういう行動をしていて感染した、といった情報がインターネットに公開されてしまっていました。国によっては感染症拡大を防ぐために、強制的に国民の行動データをデジタルで監視する体制をとっているところもあります。シンガポールでは全ての建物や店舗に入る際にはスマホを通じて自分のＩＤと電話番号を登録しなければならず、スマホを持たない高齢者や子どもたちには同様の追跡機能を持つ「トークン」と呼ばれるものまで無料で配られる徹底ぶりです。

最近では建物の入り口にタブレットがあり、そのタブレットの前に立つと自分の顔がスキャンされると同時に体温が計られます。そのスキャンした顔情報がどう扱われているのか知る由もありません。自分たちのプライバシーはいったいどこまで守られるのかは、個人情報を提供する生活者にとってとても重要な点です。感染拡大防止という建前を突きつけられるのに合わせて、個人情報に対する自己防衛意識が高まっています。自分の行動履歴を感染症対策を理由に政府や企業に情報として取得されることに嫌悪感を抱く人はいます。

生活者の個人情報に対する防衛意識は今に始まったことではありません。ＳＮＳの利用データが第三者に流出するといったニュースが起こり、個人情報に対する防衛意識は高まっていました。その高まりに合わせて、さまざまな対策が始まっています。２０１８年5月にはヨーロッパでGDPR（一般データ保護規制）が施行されました。ＥＵにおける個人データを保護するものです。2020年1月にはアメリカ・カリフォルニアで個人情報を保護するためのCCPAが施行開始しています。CCPAでは、実名や住所、電話番号といった誰もが個人情報だと認めるものだけではなく、インターネットに接続したスマホやパソコンの番号であるIPアドレス、GPS利用による位置情報データ、ウェブの閲覧・検索履歴も個人情報にあたります。

これまで多くの人が自分のデータを利用（転売）されることを想定せずに、何らかのウェブの記事を閲覧したり、何らかの情報に対して、「いいね！」を押したりしていますが、気づけばウェブやSNS上で自分が行動した履歴が、利用規約に同意しているものとして知らぬうちにマーケティングに使われていました。ステイホームによって動画視聴やSNSなどオンライン上で過ごす時間が全デモグラで増えたこともあり、企業側の不要なトラッキングやリターゲティングにこれまで以上に遭う機会は増えています。

そのためこうした情報の転用に対する反対意見が大きくなっています。先の2つの法律の施行だけでなく、例えばグーグルはサードパーティクッキーの取り扱いを2022年1月までにやめると発表しました。クッキーとはそもそもサイト上のコンテンツを誰がいつどれを閲覧したか、何回閲覧したかなどが分かる情報をそのサイト内に保存することで、次回以降その人が訪問した際に表示内容をより適切なコンテンツにできるものとして有効活用されてきました。

ファーストパーティクッキーがクッキーを発行したドメインのみで使われるものに対して、サードパーティクッキーは特定のドメインに限らずユーザーが色々なサイトに訪問し閲覧した情報を収集したものであり、広告配信やターゲティングに使われていました。ユーザーは自分が訪問したサイトがファーストパーティクッキーにより自分のアクセス情報を基に表示内容を変更したり、ログインの手間を省いてくれることはそれほど気にしませんが、自分がアクセスしたわけでもない他者からサードパーティクッキーを利用されて追跡されることには違和感を覚えるものです。たった一度出張のためにどこかの都市のホテルを予約しただけで、その後しばらくの間その近辺のホテルを何回も表示されても、ただイライラさせられるだけです。たまたま何かの商品を一度見ただけで、類似商品を次々と広告で表示させられても、それをやっている企業、商品ブランドに対して気持ち悪さや恐怖感、居心地の悪さ、嫌悪感を感じるだけです。

インターネットが生まれる前までは決して記録されることもなかった人々の行動がデータとして記録され、それを利用してマーケティングされることに世界中の人が拒否反応を示してきています。これまではそのデータもインターネット上の検索・閲覧行動といった程度のものでしたが、今後は現実空間の出来事さえもデータとして残り、それがいったいどのように利用されるのか不安に思う人が増えているのです。自分の情報を不正に使われたくない、守りたいという意識が強くなっています。

●新型コロナにより炎上とデマが増加

デジタル・クライシス総合研究所の調査によると、2020年4月の炎上件数は246件であったといいます。これは1年前が72件だったのに対して、3.4倍も増加していることになります。外出できないためにオンライン上で過ごす時間が増える中、私たちは炎上しないように自己防衛をする動きが生まれてきています。

この炎上回避の防衛意識はコロナパンデミック前からも少しずつありました。例えばSNSの内容を会社に見られて内定取消になったというニュースもありましたし、勢いあまって投稿してしまった内容で、炎上までいかないまでも非難を受けたことのある人は少なくないでしょう。そうしたリスクを避けるために、デジタルネイティブ世代は必要に応じて複数のSNSアカウントを持ち、その居場所の住人に合わせて（現実世界の自分とはかけ離れた性格・ふるまいで）投稿内容をコントロールしていたほどです。それが先行き不透明な外出自粛生活の中、残された自由な活動空間であるオンライン上ですら、炎上の増加で安全とはいえなくなってきています。そうした状況下で、特に複数のＳＮＳアカウント（フェイスブック、ツイッター（Twitter）など異なるＳＮＳを持つという意味ではなく、ツイッターだけで複数のアカウントを持つこと）を持ちにくい著名人たちの中には、少しずつＳＮＳでの発信を減らしてきている人がいます。アカウントを閉鎖している人も出始めており、オンライン上で発信する代わりに、クローズドな場所で発信するようになってきています。

炎上と同じようにコロナパンデミックを機に増加したのがデマです。パンデミックはインフォデミックも同時に引き起こしたといわれています。日本データ通信協会の迷惑メール相談センターの情報によると、予防対策情報や有名人・専門家からの情報として不安をあおる内容が描かれ、他者に転送を促す「チェーンメッセージ（チェーンメール）」が拡散されているとの情報が寄せられているようです。また新型コロナに関する情報流通調査（総務省、２０２０年６月）によると、およそ４人中３人がフェイクニュース・デマ情報に触れたそうです。私も「新型コロナウイルスは熱に弱いのでお湯を飲むと予防効果がある」という情報を受け取ったことを覚えていますが、そのすぐ後にこの情報はデマであるというニュースを目にしました。デマは世界的に拡散しているようで、国連が声明を発表し、正しい情報がなければウイルスの世界的な蔓延を防げないと警鐘を鳴らす状況です。

同じく総務省の調査では、情報の判断や正しい情報の入手方法について、多数の人が困難を抱えていると報告されています。インターネットやSNSから得られる情報において、何が正しい情報であり何が正しくない情報なのか、その判断は難しく、総務省の同調査においても76・7%の人が情報の真偽を判断できなかったといいます。アメリカではデマ情報を信じて、飲んではいけない薬を飲んで死んでしまったというニュースもあります。誤った情報収集が自分の身を危険にさらしてしまう可能性すらあるのです。今は誰もが簡単に情報を発信でき、世界中の情報を簡単に収集できるようになりました。しかしインターネットの情報はまだまだマスメディアの情報に対して半分程度の信頼度です（総務省、令和元年版　情報通信白書）。特にソーシャルメディアのシェア、リツイートという転送文化により、情報の発信者と発信源が切り離される事態が生まれています。

誰がいっているか分からない情報が、自分の知っている人から転送されてくることで情報を信頼してよいのかどうかを判断しにくくしています。企業も含めて発信源が分かる情報であれば、少なくともそれを信頼するかどうかは自分で判断できます。自由に行動できるオンライン上において、発信するにせよ、受信するにせよ、その両方においてできる限りの自己防衛をしておきたいという意識が広がっています。

事業にMESを入れて、ニューノーマル時代に臨む

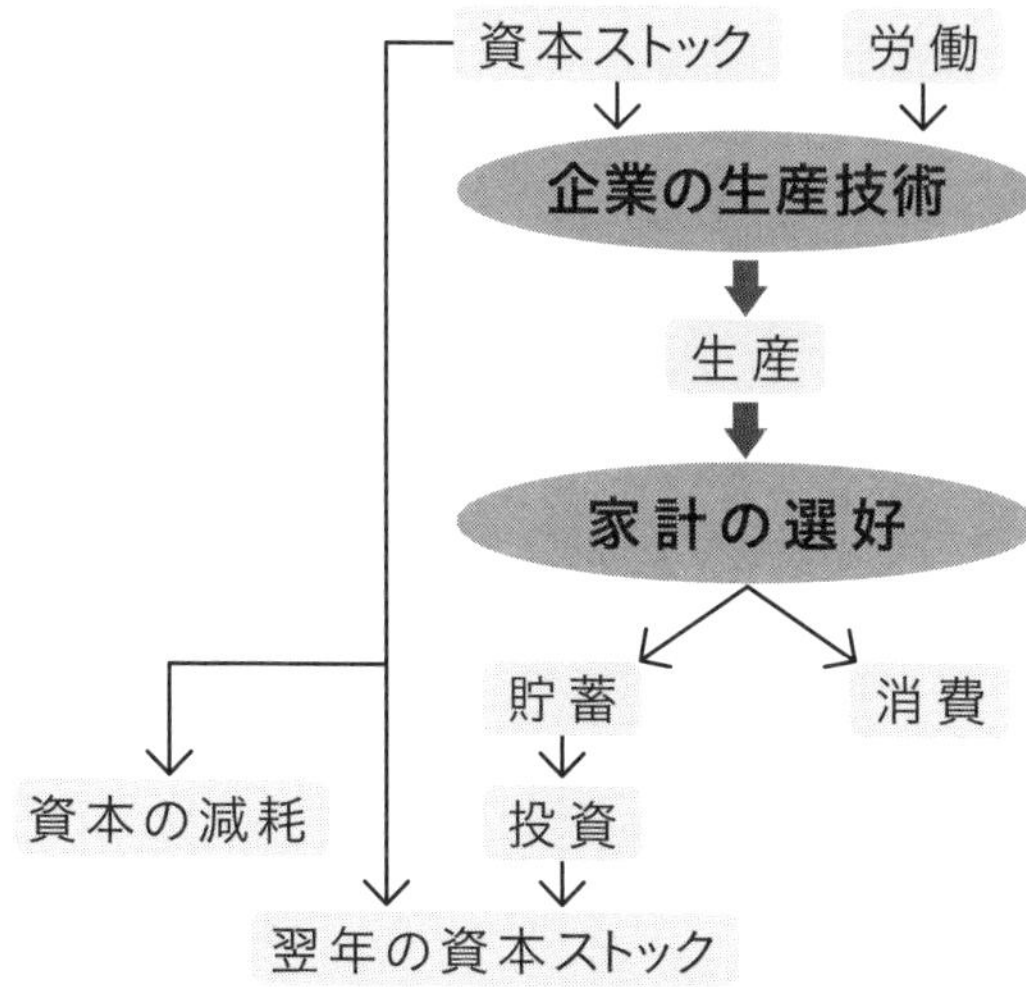

マクロ経済モデルの基本構造

巣籠り生活の出現によって見られる、ソーシャルディスタンスを取ってまでしても何とか人や社会とのつながりを持とうとする人間の現象である、ミーニングフル、エンゲージメント、セルフディフェンス。これらのアルファベットの頭文字をとったMESは今後私たちの事業活動にどう影響を及ぼすのかを考えるうえで、そもそも事業活動は経済においてどう機能しているのか整理したいと思います。一橋大学経済学部によって出版された『教養としての経済学』（有斐閣、2013年）

で、前ページの図のようなマクロ経済モデルの基本構造が紹介されています。

この図の中にある「家計の選好」に着目すると、企業によって生産されたものは家計の選好次第で購入され消費されるか、購入されないで家計としては貯蓄に回るかが分かります。企業の視点で捉え直すと、この家計の選好の分岐点で自分たちの商品を消費(購入)されることを願っています。この選好をもう少し理解するために、同書より一部を紹介したいと思います。

「人々の生活は実にさまざまである。食べ物の好みは千差万別で、肉の好きな人もいれば、菜食を好む人もいる。服の好みはなおさら多様である。働き方もさまざまで、猛烈に働いてお金を稼ぐ人もいれば、収入は少なくとも余暇を楽しむことを重視する人もいる。このように、人はそれぞれの好みや価値観にしたがって、財・サービスの消費と労働の組み合わせを選択している。その選択の背後には、その人自身の「評価の順序」があると考えられる。例えば、菜食を選択するのは、自分の嗜好ないし価値観において、野菜の多い食事を肉の多い食事よりも高く評価しているからである(この評価順序のことを、経済学では「選好順序」と呼ぶ)。」

このように、そもそも企業が生産した財・サービスを消費してもらうためには、生活者における選好順序を高めなければならないことが分かります。つまり企業が行う生産活動、マーケティング活動、広告活動、営業活動などは全てこの選好順序を高めるためにやっているといっても過言ではないでしょう。生活者の選好順序において、自社の商品を高いところに置いてもらうのです。なおこの選好は図の通り生活者が身銭を切って消費を行うのか、お金を使わず貯蓄に回すのかの分岐点であることから分かるように、なんとなく好きといった好みの話ではなく、消費を促す、もっと平たくいえば購入の決め手です。だからこそ「あの商品のテレビＣＭは好き」ではダメで、「あのＣＭを見て思わず商品を買ってしまいたくなった」ということが選好順序を高めたことになるといえます。

ニューノーマル時代の生活者の選好順序を高めるうえで、ＭＥＳの３つに着目する必要があると考えています。値段の安さや家の近くのお店といった要素ではなく、今後生活者に自社の商品を消費してもらうために、自分にとってどんな意味のあるものなのか（ミーニングフル）、リモートワークやステイホームをする自分とどうつながってくれるのか（エンゲージメント）、自分をどう守ってくれるのか（セルフディフェンス）の３つを満たすことがこれからの時代の人々の選好順序にプラスの影響を及ぼしてくれると考えています。家計を消費するのか消費しないのかの判断を下す時に、まるで磁石のＮ極とＳ極が引き合うように、ＭＥＳを入れた商品の方に生活者は引き寄せられるのです。

なお森岡毅氏と今西聖貴氏の『確率思考の戦略論』（ＫＡＤＯＫＡＷＡ、２０１６年）にお

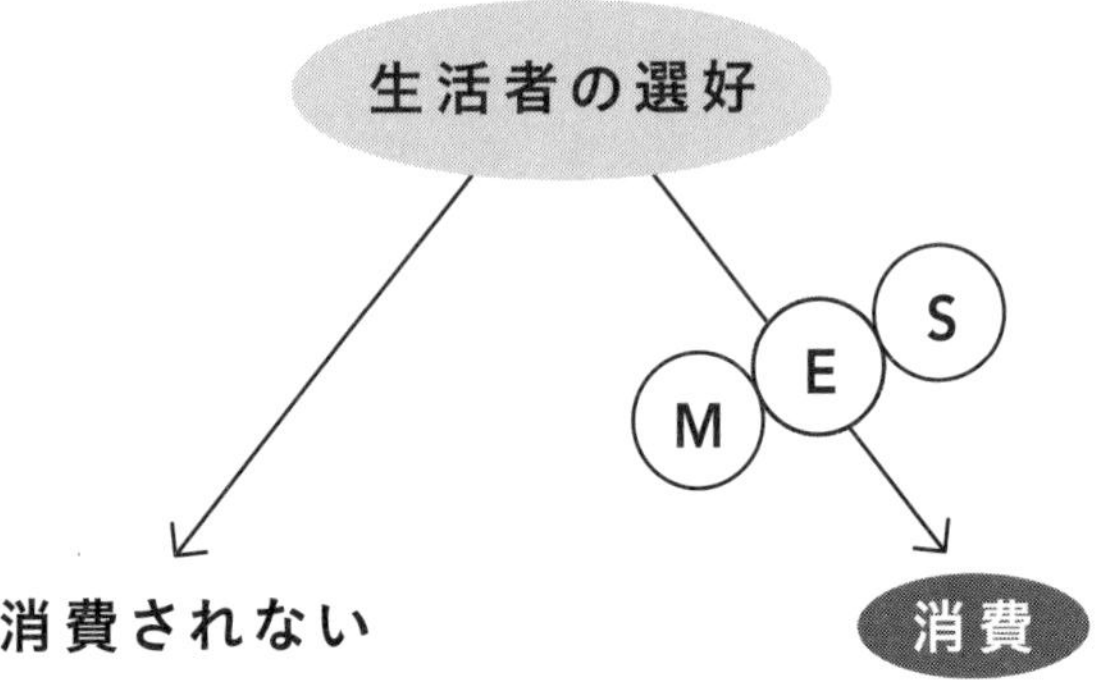

MESを入れた商品は、生活者を消費に引き寄せる

いても市場構造の本質はプレファレンス（相対的な好意度）だと紹介されています。これは一橋大学経済学部の紹介する選好順序と同じものだと考えます。私は日本人も外国人も含めて毎日P&G出身のマーケティング関係者たちと仕事をしていますが、以前ある出身者からこの本はP&Gのマーケティングの基本が載っているといわれたことがあります。アカデミック的なアプローチからも、ビジネス的なアプローチからも、選好順序・プレファレンスこそ経営資源を集中すべきといわれているわけです。なおこの本の中では、プレファレンスを高めるためにはブランド・エクイティー、価格、製品パフォーマンスの3つの要素があり、最終的に企業が売上を伸ばすにはプレファレンスと共に、認知と配荷を高

めることが紹介されています。プレファレンスを高める3要素についてはこの後紹介する取り組みにおいても重なる点があります。一方で認知と配荷の2点について、私は反対の立場で論じます。大きいものが良いという価値観の時代に、世界で一番広告費を使える超巨大企業Ｐ＆Ｇが世界中の英知を集めて導き出した2要素だと考えますが、ニューノーマル時代は認知と配荷はあってもなくてもよいというスタンスです。

企業活動にＭＥＳを入れて取り組んでいくことで、売り方のオンラインシフトが進んでいきます。取り組む内容は7つです。7つの取り組みを通じて、自分にとってどんな意味のあるものなのか、リモートワークやステイホームをする自分とどうつながってくれるのか、自分をどう守ってくれるのかという生活者の変化に応えていく方法を模索しています。

column

アリババとアマゾンが進めていること

世界中の人々が性別・年代・国籍を問わず急速にオンラインショッピングへと移行しており、その代表企業といえば、中国のアリババとアメリカのアマゾンです。私は幸運なことに、杭州のアリババ本社、シアトルのアマゾン本社を訪れ、両社の社員から直接話を聞いたり、施設内を見学したりしながら、両社が小売流通のオンライン版企業ではなく、いかにデータを大事にしている企業であるかが伝わってきました。

データを重視している両社

中国でアリババのサービスを使用せずにマーケティング活動をすることはほぼ不可能な

状況です。そもそも生活者がアリババの経済圏（もしくはテンセントの経済圏）で日常生活を送っています。動画サイトやソーシャルネットワーク、情報サイトなどは全てアリババ傘下の企業のもので、興味を持った商品を購入する時もアリババのＥコマースプラットフォーム、タクシーやリアル店舗での買い物もアリペイで済み、一連の購買行動がアリババのプラットフォーム上で行われています。

となれば生活者にアプローチしたい企業側も必然的にアリババのプラットフォームを利用しなければなりません。結果企業側は、購買者のアトリビューション（購入の流れ）が手に取るように分かるようになります。日本ではテレビＣＭを見た人が、その何日か後にコンビニに行って商品を購入した、というたった2段階の購買行動ですら把握することは至難の業です。ましてや個人名の特定は不可能でしょう。それがアリババの経済圏では、誰がいつどこで何を見て、いつ買ったのか、あるいは買ってないのかなどが分かってしまいます。アリババはその圧倒的な顧客データを基に、マーケティングサービスをさまざまな企業に提供もしています。

アマゾンはアリババのような経済圏は確立していないものの、資本主義経済圏における彼らのデータ力は圧倒的といえるでしょう。彼らが２０００年代に日本で台頭してきた時、アマゾンといえばレコメンドと呼ばれるくらい、まだデータマーケティングなど世間でいわれる前から顧客のデータに基づいた顧客第一主義を実践していました。それから10年以上が経ち、アマゾンのレコメンドの精度は高まるばかりです。

さらにデータを取得するプラットフォームがAmazon.comだけではなく、日常生活にまで広がりを見せています。その一つの兆しがAmazon Dash Buttonだったといえます。既に終了となったサービスですが、洗剤や飲料などいつも購入している商品のロゴが付いた親指大くらいの大きさのボタンを冷蔵庫などに貼り付けて、その商品がなくなりそうになった時にボタンを押すだけで注文ができる仕組みです。これによりその人がどのくらいの頻度で商品を使い切るのかという本来ならデータにしにくいものが可視化されていきました。家の中というオフラインの消費行動のデータ取得を始めたことが分かります。

Amazon Dash Buttonの終了後、家庭の中での消費行動のデータ収集を担うようになってきているのがAmazon Echoです。別にボタンを押さなくとも、「Alexa、牛乳を買っておいて」というだけで良いわけです。日本では利用率が5％程度といわれている音声スピーカー。しかし北米で生活者調査をすると、リビングに置かれているのを何度も目にしました。調査の後帰り際に「どのくらいアマゾンエコーを使ってるんですか？」と聞くと、「毎日よ」といわれたものです。どんな曲をかけるのか、どんな時間にテレビをつけるのか、何の番組なのか、いつ消灯して寝るのか、いつ起きるのか、こうした日常生活がデータになり、アマゾンに蓄積されていると考えられます。

Kindleも読書というアナログ体験を全てデータ化しているといえます。いつ読書するのか、何を読んでいるのか、一回の読書時間は何分なのか。こうして日常の出来事がデータとして収集され、それがレコメンドにつながっていきます。さらに２０２０年8月に発売されたHaloも、日常の可視化しにくい健康状態に関するデータを集め続けます。心拍数のようなデータだけでなく、利用者の声を拾って声の調子まで可視化してしまいます。そこから健康改善・増進につながる提案にかかわることが可能になります。この先に予想されるのは、予知ロボットの誕生です。「○○さん、そろそろ○○されてはいかがでしょうか?」といった先読み提案ができるロボットがアマゾンから発売されるのではないかと感じてしまいます。

両社のデータマネジメントを踏まえると、昨今盒馬鮮生を展開しているアリババ、Amazon Goを展開しているアマゾンが、オンラインでの売上をさらに拡大するためにオフラインに進出してきたわけではないことが分かるかと思います。既にＯＭＯの概念をお伝えしましたが、彼らにとってみればスマホやパソコンだけが生活者の日常ではないことが分かっています。カメラやセンサー、音声解析などの技術革新が進めば、日常のあらゆるところでデータが収集でき、生活者にもっと良い生活を提案できると感じているわけです。リアルの場も含めて日常のあらゆるものがオンラインであり、そこからお客様のデータを得て、より良い体験を提供するという両社の発想を、オフラインから事業が始まった企業も学ぶことができます。盒馬鮮生とAmazon Goが収集しているのはPOSデータではなく、個人の行動データです。このデータがあれば、お客様ごとに最適な接客が可能になります。大量生産・マス広告・大量消費時代の前は、顧客リストを紙で管理し（もしくは頭で記憶し）、顔も名前も知っているお客様に商品を提供したり接客したりしていました。テクノロジーの進化により、こうした一人ひとりのお客様に適切な商品提案、接客が可能になります。消費者に対してではなく、一人の人間に対して商売できるようになっているといえます。

リアルの場でデータ取得するさまざまな取り組み事例

アメリカのディズニーワールドでは、マジックバンドというリストバンドを来場客に配り、そこに内蔵されているチップ（電磁波を用いて非接触でデータを読み書きするもの）を通じて、ファストパスを含むチケットやホテルのルームキー、ショップなどでの支払い機能などをカバーしています。リストバンドを通じて、今まで取得不可能だった来場者の園内における行動を把握できるようになり、どのアトラクションを体験したのか、どのキャラクターと接触したのか、もしくはどのアトラクションやキャラクターはスルーしたのかが分かるようになっています。そうすれば来場客が帰宅後もディズニーのデジタルネットワークを通じて、お客様に最適なディズニーコンテンツを提案できることになります。

シリコンバレーに行った時に、次のアポイントまで時間が空いたので、日本でももうお馴染みのb8taというお店を訪れたことがあります。店舗に入って驚いたのが「置いてある商品はここでは買えない」とスタッフにいわれたことです。「では何をしているのか?」と聞いたら、天井にいくつもあるカメラを指さして、店内での行動をデータ化しているというのです。購入はEコマース経由になります。既にb8taは日本でも知られているので、この概念を取り入れた販売手法を始めている企業はありますが、まだまだ少数です。今後同様の販売形態が増えていくだろうと感じます。

アリババ、アマゾン、ディズニーワールドはオフラインの世界をオンラインとして捉えるOMOを実践しているといえます。彼らのような大規模な取り組みをすぐに実施することが難しいと感じるかもしれませんが、身近な事例もよく目にするようになりました。現在シンガポールでアップルストアに行くには、事前にホームページからアップルIDでログインし、何の商品に対して話を聞きたいのかを設定してようやく入店することができます。店内での入店者数をコントロールしソーシャルディスタンスを確保するための取り組みでしょうが、予約制にすることで、誰が何のためにどの店に来店しているのかがデータとして残ることになります。その後アップルは、私が必要とするだろう事柄に対する提案を私のスマホに連絡できるようになるでしょう。

このように現時点でオフラインの資産を持っている場合は、予約制を敷くだけでもお客様のデータ取得につなげることができます。また自らオフライン店舗を持たない、リテーラーに売り場をもらうメーカーもデータを取得する取り組みは考えられます。ビーコンやGPSとの連動、スマホアプリの開発といった投資を必要とせずとも、例えばお客様がリテーラーで自分たちの商品を購入したことが分かるレシート画像を写真で送ってもらうだけでも、オフラインでの行動を少しでもデータ化することができます。画像を送ってもらうインセンティブは必要かもしれませんが、十分な予算がなくともお客様のオフラインのデータ取得を考えることができます。オフラインという資産を既に持っていれば、そのメリットをニューノーマル時代にも存続させるために、こうしたデータ取得の発想が必要になってくるといえるでしょう。アリババ、アマゾンのような取り組みまでいかなくとも、データを取得するためにまずできるところから始めることは可能です。

第2章 「売り方」のオンラインシフト

これからのマーケティングは４Ｐから７Ｐへ

マーケティングの基本はＳＴＰと４Ｐです。市場をセグメントし、ターゲットを定め、他社と差別化するポジショニングを検討したら、プロダクト、プレイス、プライス、プロモーションの４つのＰを考えて販売を進めていきます。

従来のマーケティングの基本は４Ｐ

企業の体制でこの４Ｐを考えた時、これまでは商品開発部が開発した商品を、営業の商

広告宣伝部（マーケティング部）	（小売）	営業部	商品開発部（マーケティング部）
プロモーション（Promotion）	プライス（Price）	プレイス（Place）	プロダクト（Product）
マス広告	販売店主導で値付け	商談をして流通に並べてもらう	商品を開発

マーケティングの基本・4P

談により売場に並べてもらって、価格は希望を伝えるものの販売店主導で値付けされ、広告宣伝部がマス広告（インターネット広告も含む）でお客様が店舗に足を運んだ時に思い出してもらうようにして、最終的に店頭で商品の前で立ち止まってもらい（ストップ）、手に取ってもらい（ホールド）、購入してもらう（クローズ）というものでした（マーケティング部が商品開発と広告宣伝の機能を担い、その他2つの設計も担う場合もある）。

この4Pはアメリカのマーケティング学者であるエドモンド・ジェローム・マッカーシー氏が1960年に提唱したもので、1800年代から始まった大量生産・大量消費をより効果的に進めるために多くの販売活動で使われてきました。第二次世界大戦後から近年までに活用されてきたフレームワークです。しかし2020年を境にリモートワークが加速し、オンライン会議が当たり前になり、ステイホームがデフォルトになり、外出をしなくとも欲しいものは大体手に入ることを知ってしまった世界を想定した考え方ではないと感じています。今やアメリカの朝のテレビ番組に、男性リポーターが自宅からズボンを穿かずに生放送に出てしまうような時代です。4Pが提唱された1960年代のアメリカなら、きっとリポーターは全身スーツでビシッと決めてスタジオからテレビ番組に出ていたでしょう。

私たちはよほど会いたい人がいない限り、よほどどこかに生身の体を伴って移動したいと思わない限り、どうしても今日だけは会社に行かないといけない理由がない限り、外に出かけることをしなくなってきています。もちろん運動や気晴らしの外出、旅行や外食はなくならないでしょう。ただし2019年までは普通だった通勤や買い物のために毎日外に出ることは当たり前ではなくなってしまっています。オンラインで済ませていい時、場所、人、行いといったものが生まれており、どうしてもオンラインでは済ませられないもののために外出をします。そうやって不要な外出を避けることで感染から身を守り、第三者への個人情報の流出を防ぎ、家にいながらもテクノロジーを介して自分にとって意味のある情報に触れ、意味のある商品を購入するようになってきています。

マーケティングの7Pとは

毎日の外出がデフォルトだった時代では、生活者はお店に、営業パーソンはクライアント先に足を運び、直接対面して、接客や商談が行われていました。しかしオフライン中心の販売モデルからオンライン中心の販売モデルへとシフトするにあたってマーケティングの7Pを考えたいと思います。

マーケティングの7Pとは、パーパス、ポスト、ページデコレーション、ピュア、パーソナライズ、パーティシペーション、パフォーマンスの頭文字をとった本書で提案する新しい概念です。商品をパフォーマンス（成果）として提供できるように開発し、その商品に対する専門的知識または熱量をオンラインにポスト（投稿）し、商品購入ページをデコレーション（デジタル接点）してお客様の購入をオンライン上で促します。そしてお客様のデータに沿ってパーソナライズ（個別化）したオファーをして、参加費をいただきながら何らかのプログラムへのパーティシペーション（参加）を促すことでお客様と長期的な関係を構築していくのです。これら全てはパーパス（意義）に則ったものであり、売上利益のためではなく本当にお客様の役に立つというピュア（純粋）な行動が前提となります。

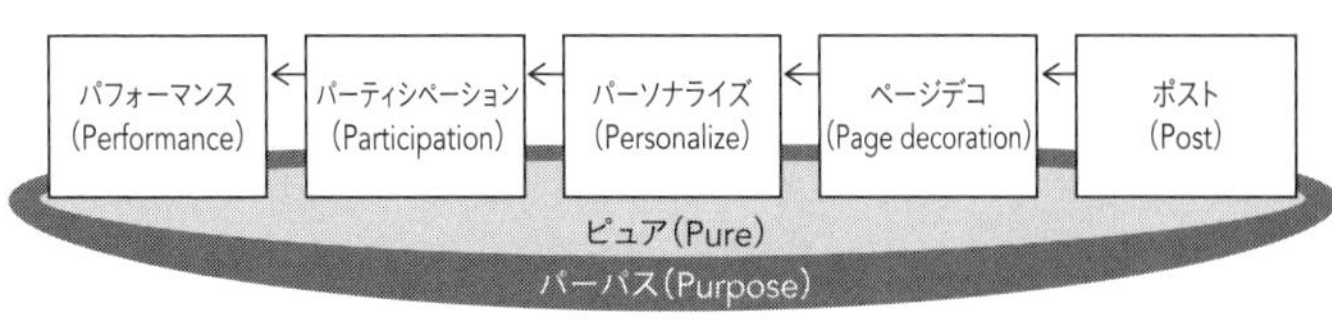

7Pの各要素の関係性

上図のような形になります。

パーパスは全ての基盤となります。ピュアもオンライン起点のデータ時代に必要不可欠な要素です。この2つがベースとなり、5つの要素が並びます。

4Pから7Pへのシフト

オンラインシフトは目的ではなく手段ですが、意識的に取り組まなければ実現できません。7Pはその手段を進めていくためのステップと思ってください。大胆にも4Pと比較するならば、プロダクトはパフォーマンスに、プレイスはポスト&ページデコに、プライスはパーティシペーションに、プロモーションはパーソナライズに対応しているイメージです。7つの取り組みが求められる背景を次ページの表にまとめておきます。

4Pに対応するようにまとめるとこのような並びになりますが、売り方のオンラインシフトを進めるうえで、パーパス、ポスト、ページデコ、ピュア、パーソナライズ、パーティシペーション、パフォーマンスの順番は重要です。これから新しい商売を始める方を除き、基本的には既に売りたい商品がある場合がほとんどだと考えると、その商品のパーパスを見つめ直し、専門的知識・熱量をポストし、販売するページをデコレーションするステップに進むことは、すぐ着手できると考えているためです。

ピュアに行動しなければお客様のパーソナルデータを取得できないので、ピュアは5〜7の前提となります。ピュアな行動を貫くことで、パーソナルデータをお客様からいただくことができ、その結果お客様にパーソナライズしたオファーを提供できます。お客様のデータを管理することで、何らかの活動にパーティシペーションしてもらう機会を提供できます。これらの活動は既存商品のままでも実行可能です。それを進めながら合わせて現在の商品をパフォーマンスを提供する商品へと進化させていきます。この順番で取り組んでいくことで、実店舗がなくとも商品の販売が可能となり、オンラインシフトされた売り方が実現できるようになると考えます。これからそれぞれ一つずつを説明していきます。

7Pが求められる背景

4P	7P	背景
プロダクト	パフォーマンス	人々はオンラインシフトにより、世界中の良い商品に簡単にアクセスすることができるようになる。商品の持つ高い品質を確実にお客様に届け続けなければ、世界の他の良い商品を差し置いて選び続けてもらえない。高い品質を実現し、その品質を売って終わりではなく、商品の納品後にパフォーマンスを提供するという姿勢が必要となる。さらにプロダクトを1回売って終わり、という売り方をしていたのでは今後また起こるかもしれないパンデミックのような危機の際に売上がゼロになってしまう可能性があるが、商品の納品後にパフォーマンスを提供するという姿勢でいれば、危機の際も安定的な収入源を確保することが可能となる
プレイス	ポスト&ページデコ	外出することは毎日のルーティンではなくなり、オンラインで済ませてよい人、場所、時、行いが生まれていく。外出の機会が減るとなんとなく店に立ち寄る機会も減少する。人々がオンラインシフトするからこそ、オンライン起点で人々とつながりを持つ必要がある
プライス	パーティシペーション	コロナ以前よりプロが作った完璧なものをただ消費するのではなく、自らが生産側に参加できる機会を求める生活者が増えていたが、不要な外出が減少することでオンラインで過ごす時間が増える中、ただ完成品をネットショッピングするのではなく、自らがオンラインの安全な場所でアウトプットできる過程にお金を払いたいという人たちが増えていく傾向にある
プロモーション	パーソナライズ	「この企業・商品ブランドはやっぱり私のことを分かってくれている」と思える相手こそ、必要不可欠な存在となる。オンラインがメインとなった世界ではどこでもデータを得る機会が生じる。貴重なパーソナルデータをいただけるならば、そのデータを取得・活用して一人ひとりのお客様になるべくぴったりだと思える体験を提供しようとすることが重要になる
	パーパス	要らないものは要らない世界になるからこそ、存在意義を明らかにすることで生活者に意味のあるつながりを感じてもらう必要がある
	ピュア	オンライン起点のビジネスになれば、お客様と直接会えるわけではない。そうすると、これまで対面だからこそ得られていたような情報が手に入らなくなるので、お客様を理解するためにデータが必要となる。しかし感染症拡大防止を理由に個人情報が取得される中、人々の個人情報に対する防衛意識は高まるばかり。この相手であれば個人情報を提供してもよいと信頼される存在にならなければならない。だからこそ一時的な売上利益のためではなく、常にお客様の役に立つという行動が求められる。そうでなければデータを得ることができないためお客様を理解できずデータ時代を戦うことができなくなる

現在地

オフライン中心の売り方

1／パーパスを見つめ直す

2／ポストをする

3／ページをデコる

4／ピュアに行動する

5／パーソナライズする

6／パーティシペーションを図る

7／パフォーマンスを売る

目的地

オンラインシフトした売り方

1　パーパスを見つめ直す

世界三大広告賞の一つといわれるカンヌライオンズ国際クリエイティビティ・フェスティバルが昨今着目しているテーマの一つにパーパスがあります。簡単にいえば、何のためにこの商品はこの地球上に存在しているのか、この存在理由・存在意義をしっかりと理解して、それを基に行動していきましょうということです。ジェネレーションZの購買行動が語られる時に、よくこの必要性は話されていましたが、要らないものは要らないという考えが加速しているニューノーマル時代に、この存在意義を改めて考えることが欠かせなくなっています。

有名なものより意味のあるもの

そもそも存在意義のない会社や商品などありますか？　と問いたくなるものですが、「なぜあなたはこの世に存在しているのですか？」と聞かれると確かにまごついてしまうことが感覚的に分かります。ビジネスパーソンでも、何のために今の会社にいるのかという問いに答えられる人も多くないものです。自分の働く会社で与えられた仕事をどうやってするのか（ＨＯＷ）は知っています。一方、その会社で何をすべきか（ＷＨＡＴ）を知っている人は、先ほどのＨＯＷを知っている人よりも少なく、さらにそのＷＨＡＴを知る人よりも少ないのが、なぜその会社にいてその仕事をしているのか（ＷＨＹ）を知っている人です。

その会社にいてその仕事をしている理由は給料だと考える方もいますが、給与は結果にすぎません。そもそも給与に限らずお金というものは、誰かに感謝されるか、応援してもらえれば受け取れるものです。感謝や応援をしてもらうには、人に喜んでもらうしかありません。過去の多くの賢者たちが「自分が好きなこと、楽しいと思えることを誰よりも上手にやることで、人を喜ばせる、人の役に立つ」ことへの取り組みを訴えています。お金をもらうことをやっている以上、誰のどんなためになることをするのかはコロナパンデミックの発生にかかわらず、本質的に求められています。中国古典の『菜根譚』にも「立業不思種徳、為眼前花」とあり、たとえ事業を興しても、人々のためになることを考えなければ、つかの間の徒花に終わってしまうと書かれています。

私はこれまでさまざまな企業や商品を「売る」ことを担当する度に「何のためにこの企業・商品は存在しているのですか？」という質問をしてきました。しかし、しばしば売上や利益、シェアをいくら上げたいという返答をされることがありました。先ほどのお金と一緒で、こういった数値は結果にすぎず、存在する理由ではありません。その会社・商品の売上がいくらになろうが、その会社に関係のある人でない限り感謝をすることはありませんし、応援することもありません。一方で、その商品や会社が存在している以上は、今も誰かの何かの役に立っているからであり、そこを改めて見つめ直すことでお客様と強固な関係を築き直すことができます。

　商品が誕生してからの時間の経過や担当者の変更で、いつの間にか商品の存在理由がよく分からなくなってしまっているケースは非常に多いものです。それは日本人なら誰でも知っているような有名な企業や商品ですら例外ではありません。しかし、なくてはならないものだけが売れる時代になろうとしている中、誰にとってどうミーニングフルなのか、を再確認しなければ、それに見合った活動ができないために、これからの生活者に必要なものと認識されることはありません。まさに今、存在意義を見つめ直す時にきています。

　存在意義、すなわちパーパスという言葉は欧米から日本にやってきました。聖書では神が全ての創造主であり、全ての本質（存在する理由）を決定しています。この世に誕生するもの全ては神の意志であるわけで、何のために存在するのかといった本質は先に決められており、その後に何のためにあるのかと本質を考えるものではないのです。

こうした考えに対して、第二次世界大戦後の混乱期に、フランスのジャン＝ポール・サルトル氏が実存主義を世に広く知らしめました。人間は偶然この世に生まれていて、その存在理由は人間が自らの手で決めていくと主張したわけです。欧米人にとって「パーパスを考える」というのは、自分たちの事業や商品の存在理由を、神ではなく自分たちが自分たちの手で決定づけていくという点で、実存主義と同じようにある意味衝撃的な考えなのかもしれません。

さらに自分たちで存在理由を定めるのであれば、ただ自分たちや周りの人のためだけでなく、できれば社会や地球の全体のためになろうという意識が、そもそも個人主義の彼らの中に生まれています。私たちはコロナパンデミックを経験したことで、自分一人の行動が地球全体に影響を及ぼすことを体験しました。最初は1都市での感染症だった話が、アジアやヨーロッパ、アメリカに、さらに気づけば南米やアフリカ、南極大陸も含む全世界へと拡大していきました。ある場所の出来事が瞬く間に地球全体に広がりを見せる中、自分たちがただやりたいことをやっているだけではなく、社会全体、地球全体を考えていかないといけない。ただ大事だと思っているだけではなく、事業を通じて確実に実践する意思を込めてパーパスを見つめることを強く意識しているのです。

存在意義のあるブランドは成長する

存在意義のあるブランドは他社よりも成長するといった話はよく耳にします。カンヌライオンズのBrand Impact Report 2019においても「Brands with purpose have grown 2x faster than others in the past years（存在意義のあるブランドは他社よりも2倍早く成長してきている）」とあります。事業を通して誰かのためになることを実現していく企業や商品は、そうでないものよりも多くの人々に感謝、応援されているわけです。例えば創業当時のパナソニックは水道水のように安くていいものをたくさんつくるといった水道哲学を掲げ、グーグルは世界中の情報を集めるといった存在意義を見出して、世界的な企業に成長しています。スティーブ・ジョブズ氏が瀕死のアップルに戻ってきて最初にやったことも存在意義の見直しだったといえます。彼が打ち出した広告史に残る「Think different.」というキャンペーンについて、実施前夜に社内スタッフに説明する動画がユーチューブにありますが、彼はアップルを立て直すために、なぜアップルは存在するのかを見つめ直したわけです。2020年8月時点でアップルの時価総額は2兆ドルを超え、世界で最も株式価値の高い企業になっています。

存在意義があるものは、誰かの生活や人生の価値を高めてくれます。そういうものは、外出が減り財布の紐が堅くなっても、求め続けられます。一方でただ名前だけ知っている有名なものは、自分の人生にはあまり強い関係がないので、人と会う必要が減り、節約したいなら買う必要がなくなっていきます。これまでは、有名であるほど商品を置かせてもらうことができ、そこを通った人に衝動買いしてもらうことができました。デパートやエキナカのショップ、スーパーやコンビニの日用品などはその典型でしょう。買う人にとっても、毎日他人に会う分、有名なものであれば身に付けていても、使用していても無難だったわけです。

今は有名なものかどうかではなく、無駄な外出をしない生活においても自分の生活や人生の価値を高めてくれるものなのか否かが今後も購入をしてもらううえで大切です。そのためには存在意義を見つめ直し、その一点を確実に体現し、生活者に受け入れてもらうことが欠かせません。

○ 存在意義を自己決定して、行動し達成する

存在意義を把握していれば、行動に移すことができます。最近マーケティングの世界

も、ブランドは行動しなければならないともいわれています。耳触りの良いメッセージをただテレビCMで流しているだけではダメで、結局何をしたのかが問われてきています。新型コロナが欧米で爆発的に広まった2020年3～4月に多くの名の知れたブランドが動画を制作してSNSで展開していました。しかし、それらがあまりに全て似ているので、その似ている様を皮肉る動画がユーチューブに上がっています。言うは易しということでしょう。一方で、実際に行動に移したブランドも存在します。存在意義を理解している企業や商品は、多くの社員がリモートワークになっても、社員一人ひとりがその意義の下で素早く行動に移せたわけです。

存在意義を定めるもう一つの利点を紹介したいと思います。『幸福感と自己決定——日本における実証研究』（西村和雄、八木匡著）という論文の中で、「自己決定によって進路を決定した者は、自らの判断で努力することで目的を達成する可能性が高くなり、また、成果に対しても責任と誇りを持ちやすくなることから、達成感や自尊心により幸福感が高まっていることにつながっている」と書かれています。このことからは、存在意義を自己決定すれば行動に移しやすくなるだけでなく、達成する可能性が高くなり、それに携わる人々の幸福感も高めることができると考えられます。存在意義は誰かが決めるものではなく、自分たちで決めるものです。存在意義を明確にするだけで、たくさんの良いことがあることが分かります。

ミーニングフルなものを一層求める生活者と向き合うためにまずやらなければならないことは、企業、商品の存在意義を見つめ直し、考えることです。自分たちの商品や事業が、「誰」の「何」に役立つのか、「誰」×「何」の組み合わせを考えられるだけ考え出し、改めて明らかにすることが、生き残ることにつながります。これからは有名なものではなく、意味のあるものの時代です。

2 ポストをする

家の中にいても有意義な、意味のあるつながりを求めることが情報接触という行動にも変化を起こそうとしています。人々は家の中でも自分たちの生活をより便利に、楽しくするために、専門的知識と熱量に出会いたいと思っています。この現象を翻って企業側の視点から捉え直すと、人々の日常をミーニングフルなものにできる専門的情報や熱量を持ち合わせていれば、ニューノーマル時代の生活者にアクセスすることができるといえます。これは、多くの予算が必要なテレビＣＭなどを使わなくても、生活者とつながることができることを意味します。

○自分たちが日々仕事で使っている専門的知識と熱量に目を向ける

そもそも企業は、何らかの商品をつくり、提供できるだけの専門性を持ち合わせており、その専門的知識を活用することで商品を形にして、お客様に購入してもらっています。この開発に至るまでに企業内で活用されている専門的な情報や知識、開発に対する他の誰にも負けない熱量やこだわりに焦点を当てることで、オンラインシフトの波に乗り、人々とつながろうと考えるわけです。

その一例として、あるワイン屋さんの取り組みを紹介します。そこでは製造したワインをただ販売するのではなく、そのワインを使った複数回のワイン講座も販売しています。講座を購入したお客様は講座中に飲むワインも同時に購入することになり、最終的にこのワイン屋さんはワインの販売をしていることになるわけですが、両者の間には、ワインボトルだけでなくワイン講座、さらにはワインに対する熱量もやりとりされているとも考えられます。ワインの専門的情報や熱量を探し求めていた人が、このワイン屋さんにたどり着くという導線があります。

アメリカでキルトを手掛ける家族経営の会社の事例もあります。ある一家の高齢女性が制作した趣味のキルトを販売し始めたのですが、数か月の間商品はほとんど売れることはありませんでした。しかしキルティングのチュートリアル動画をインターネットにアップしてから状況は変わります。動画の中身は裁断法や縫い方といったキルトの専門知識が伝えられるものだけでなく、キルトのような難しいものでもやってみればできる、キルト制作がうまくなることよりも愛する人たちにあげたいという気持ちで仕上げることが大切といった想いがつまっているものでした。動画が公開されてから「動画で使っていた生地を注文したい」といった連絡が入るようになり、いつしかイギリスや南アフリカ、日本、メキシコなど国外からも注文が入るようになりました。この女性はキルトに対する知識、そして熱量をオンラインにのせたことで、世界中のお客様とつながり、結果的にキルトの販売につながったといえます。

テレビCMより意味ある投稿

多くの企業はこれまで自社が製造した商品に対価をもらうことで事業活動を継続してきたわけですが、ミーニングフルを求める人々の現象を踏まえると、製造した商品だけでなく、開発に関わる専門的知識とその熱量を広告として活用できるようになります。例えば外出自粛が始まった頃、出勤が減った女性たちのメイクの機会が減少し、自然と化粧品の購入は減少してしまうわけですが、ここにオンラインミーティング映えのメイク、いわゆるZoom映えという概念が生まれてきました。しかしそのようなことはこれまで誰も考えたことはなく、多くの一般人には見当もつきません。

そうした際に化粧品会社が専門的知識を持ってオンラインミーティング向けのメイクを提案すれば、そこに生活者との接点のチャンスが生まれます。紹介する商品がオンラインミーティング専用の化粧品である必要はありません。既存商品をオンラインミーティング向けメイクアップとして情報発信することで、その情報を掲出したプラットフォームのアルゴリズムの力も発動されて、その情報にお客様自らアクセスしてくれます。2020年5月にユーチューブで「オンラインミーティング」「メイク」で検索をしたところ、テレワークメイクというタイトルの動画が数個ヒットしたものの、どこか特定の企業や商品の名前を目にすることはありませんでした。ということはここに顧客接点のチャンスがあると考えられます。

同じように2020年の就職活動はオンラインで行われていたと聞きますが、オンライン面接の映り方をリクルートスーツのメーカーが専門的情報をフックにして就職活動生と接点づくりを狙うこともできたかもしれません。他にもリモートワークで家中での過ごし方に慣れない社会人に、アパレルメーカーが1週間を楽しく家で過ごせる部屋着パターンやその着こなし方を提供して生活者とつながることができたかもしれませんし、寝具メーカーなら免疫力を高めるために疲れを残さない睡眠の方法を紹介できたかもしれません。

これらは専門的知識のみの例ですが、熱量に関しても同じことがいえます。商品が生まれた背景やこだわりなど、作り手でなければ語れない気持ちが、心を揺さぶるミーニングフルなものを求めている人々との出会いになりえます。自分が好きなテーマをユーチューブやインスタグラム（instagram）で見ていた時に、それらのアルゴリズムが発動して突然偶然に表示される何か特別な情熱を漂わせている動画。それをたまたまタップしてその熱量にあっという間に引き込まれてしまう、といった接点づくりが人々のオンラインシフトにより容易になってきています。

このように、企業が保有する専門的知識と熱量を持って生活者の日常をミーニングフルにできることをイメージできるのではないでしょうか。この接点でどこまで購入してもらえるかは未知数ですが、テレビCMにお金を投じるよりはるかに強い接点になると考えられます。また昨今生活者の情報接触は多岐にわたり、画一的なカスタマージャーニーは存在しません。フォローしているインフルエンサーからの情報、ECサイト、SNSなどあらゆる場所がタッチポイントとなりえますし、そのどれもがジャーニーのスタート地点にもなりえます。そのような状況下で全てのタッチポイントに網を張るのは予算的に現実的ではありませんし、架空のペルソナに対して設計したカスタマージャーニーは企業側の自己満足で終わり、現実と乖離してしまいます。

一方で生活者の関心軸でコンテンツをオンラインにポストしておけば、プラットフォーマーのアルゴリズムの力も借りながら接点を持つことが可能となります。ユーチューブやフェイスブック、アマゾンや、グーグル、その他のアプリでもユーザーの閲覧・購買状況を踏まえて適切なコンテンツ表示をするのは当たり前の状況です。アルゴリズムが適切なコンテンツを適切な人に届けてくれる環境はもはや整っています。なお、ここでいうアルゴリズムとは、グーグルなどプラットフォーマーたちが自分たちのユーザー情報をファーストパーティデータとして取得し、そのデータを基にＡＩを駆使して、ユーザーごとに最適な情報を表示する仕組みを指しています。

なお、昨今売上を拡大させているワークマンはマス広告をせずにアンバサダーの投稿する動画のみでお客様との接点をつくっていました。アンバサダーをまるで身内のようにしてしまい、彼らに商品も創ってもらい、その商品を使ったアウトドアやドライブ、キャンプ、釣り、バイクといったそれぞれのシーンの動画をアンバサダーの熱量と共に発信してもらうことで、〝広告〟していたのです。それ以外に販促費はかけていません。専門的知識と熱量を含むポストの力は絶大です。

この考え方はB to Cの業態だけでなく、B to Bの業態にも適用できます。特にリモートワークが継続され、商談もままならない営業パーソンは多いはずです。そうした時にモノを売るのではなく、知識や熱量を売るように発想に転換してみましょう。例えばネジを扱っているのなら、ネジについてきっとお客様が知りたいであろう専門的情報を発信しておくと、ネジについて情報を集めていた企業の担当者がその情報にアクセスすることで、商談のきっかけになることが考えられます。またウェビナー、オンラインセミナーはインスタグラムのストーリーズと同様に、リアルタイム型のポストだと考えます。このオンラインセミナーに参加した人の中から見込み客を発掘してオンライン商談が進んでいく可能性は十分に考えられます。その際にB to Bで扱う商品はデモがないとイメージしてもらえない可能性がありますので、お客様がイメージできる動画をあらかじめ用意してポストしておくことが必要でしょう。こうした活動はビフォーコロナの時代から取り組んでいる方はいます。

どのような専門的知識で、何に対する熱量で、生活者の日常で役に立つことができるのか。それを導き出すためには、先述の存在意義（パーパス）がヒントになります。自分たちはいったい誰に何を提供しているのかを見つめ直します。商品を販売していることを、もっと大きい意味で捉え直すと決して単にモノを売っているのではないはずです。B to B、B to C問わず、商品を介して誰かの何かの役に立つことを提供し、その商品に携わるうえでの知識と熱量がお客様との接点になりえるということです。この考え方を身に付ければ、多くの広告予算は必要ありません。ホームページやブログを開設したり、SNSのアカウントをほぼ無料で作ったりして、生活者にとって意味のあるコンテンツをそこに投稿（ポスト）し続けることで、プラットフォーマーのアルゴリズムの手も借りながら、お客様との出会い、つながりをつくることができるからです。

● 自分たちらしい生の姿を伝えていく

今後、私たちはどのメディアにいくら広告出稿していくかといったプランや予算ではなく、意味あるつながりを求める人々に有意義な生活（＝ソリューション）を提供できるかが問われていくことになります。企業の大小に関係なく、意味あるコンテンツをオンラインに投稿し続けられる企業が、ニューノーマル時代の生活者とつながることができるのです。きっかけは1つの動画かもしれませんが、人はその動画に興味を持てば、他にどんな投稿があるのかを能動的に探すようになります。そのためにもアーカイブされた投稿がなければならず、専門的知識と熱量を伝え続ける必要があります。これまで聞いたことのなかったアーティストの曲を気に入った時に、他にどんな楽曲を手掛けているのか探すことがありますが、それと同じ行動を人々は取ります。自分が見つけた、自分が求めていた知識と想いを、この会社は本当に持っているのかを確信したいのです。だからこそ、自分たちの「らしさ」が表れている本当の姿を伝える必要があります。無理に背伸びして本当の自分たちとはかけ離れた情報ではなく、素のままの自分たちを伝えます。さらに人が思わず話したくなる背景・ストーリーを併せて伝えることも大切です。

コピーライターだった頃に、主張・背景・具体的事例の3つを適切に伝えることができれば、商品の購入をただ促すだけではなく、転職・結婚や家の購入といったレベルで人の心を揺さぶることができることを学びました。なんとなくいい感じのイメージだけのものや主張一辺倒のものでは、人は自分の人生を変えるほどの行動はしてくれません。なぜそれをやっているのか、具体的にどんなことをやっているのか、何に困っていて、どんなうれしいことがあるのかといった熱量（背景と具体的事例）が伝わるからこそ、人の心が揺さぶられる可能性が出てきます。その時に思わず人に話したくなるものや感情移入してしまうものであれば、よりたくさんの人に届けることも可能になります。

昨今広告物に求められるのはレリバントです。レリバントとは関連性、関係性を意味します。つまりは誰かの人生にとって関係のある商品だと理解してもらうことができるかが求められています。大量生産・マス広告・大量消費の時代を経て、私たちは多くのモノに囲まれています。100円ショップに行くと、こんなものまで100円？ と驚くことはありますが、だからといって購入するわけでもありません。自分の生活にとって関係ないものは要りません。衣料、食料、住宅、車、スマホ、その他生活日用品など、生活にとって比較的必需品と呼ばれるものにおいても、多くの種類の商品が開発され、もはやどれを選べばよいか分からなくなっています。分からないからちょっとでも安くて知名度があり、なんとなく環境に良いものなどを選んできたのが今の私たちです。

ですが、そんな中でも自分の生活を改善してくれたり、人生の価値を高めてくれたりするものは指名買いされます。そういう商品であれば、値段の制限をそれほど設けずに購入に至ります。ただ、そういう商品は自分にとっては関係はあるものの、他の周りの人が同じように関係しているかというとそうとは限りません。人によって関係性のあるものは違います。

それでも、一人あたりに最も単価が安くアプローチできるから、もしくは流通企業に対する慣習として、どれだけ多くのターゲットにリーチできるかを考え、インパクトのあるテレビＣＭを用意しようとする考えがいまだに存在しています。15秒か30秒しかない尺の中ではどうしても伝えられる内容が薄くなります。何らかのセグメントで区切られたまとまりのない集団に対するメッセージになるため、心が揺さぶられることもまずありません。結果としてインパクト重視の騒がしいテレビＣＭが次々と流れる、という事態になってしまっています。

私たちはテレビＣＭで流れていることは嘘ではないにせよ、それほど本当ではないただの作り話だと知ってしまっています。きれいな女優のきれいなメイクを見るよりも、本当にきれいになれるメイクの仕方を教えてくれるユーチューバーの話を聞きたいものです。フェイスブックが流行ったのも、自分の身近な人の本当の出来事が載っていたからではないかと感じます。

これからの生活者は自分に直接関係する情報を求めています。だからこそお客様との関係性、レリバントを考えることが、意味あるコンテンツをポストし続けるうえでますます求められています。背伸びしたきれいで当たり障りのない内容は要りません。誰かの本当に役に立つ何かをしっかりと見つめ直していれば、自然とレリバントのある投稿が可能になります。人々のオンラインシフトにより、大きな広告費を持たない企業でも、営業パーソンをたくさん抱えていない企業でも、オンラインに意味あるポストを続けることで、お客様との出会いをつくることができるようになっています。

3　ページをデコる

広告の世界に、「消費者の知性は期待してもよいが、努力は期待するな」という言葉があります。これは日能研の広告のように、ある程度頭で解答を考えさせるような広告は実施してもよいのですが、まるっきり何をいっているのか分からずそこから考えないといけないような広告は実施してはいけないという教えです。この考えを私たちはオンライン起点のビジネスにおいてしっかりと意識しなければなりません。というのも、せっかく熱量に心揺さぶられたお客様がポストをタップしていざその商品をスマホで購入しようというタイミングに、無駄なストレスを感じさせてしまうことで、あっさりとクロージング（＝購入）のチャンスを逃してしまう可能性があるからです。

感動したお客様に無駄なストレスを感じさせない工夫

これまでのオフライン店舗でお客様が商品を手に取って購入しようかどうか迷っているシーンを想像してみてください。数ある商品の中からふと目に留まっただけですぐに購入を決断する人は少ないものです。実際に手に取ってあれこれ表示内容を見て、同じ商品のサイズ違いなどもないか見て、自分の生活にフィットするかなども想像してようやく購入に至ります。こうしたことはオンラインでも起こります。オンラインでは商品を手に取ってもらえるわけではありませんので、どんな画像や動画を載せておかないといけないのか、どのサイズで載せておかないといけないのかを想像しなければなりません。だらだらと店員の話を聞くのが嫌なように、長い文章がただ書かれていても読む気がしませんので、パッと見ただけでも伝えたいイメージやメリットが伝わる工夫も必要になります。スマホでの見え方も意識しないといけません。

UXディレクターのジョシュア・ポーター氏によると、優れたカスタマーエクスペリエンスとは、2つの流れをスムーズに進めるように設計することのようです。一つが「モチベーション」で、もう一つが「フリクションレス」です。モチベーションとは、先述の専門的知識や熱量に動機づけされた状態をつくり出すことといえます。そのうえでフリクションレス、すなわち摩擦のない、障害のない状態を用意することです。ここで述べる無駄なストレスを与えないようなスムーズな購入体験をしてもらうことにあたります。ＥＣでは実際の店舗のように商品を触って確認してもらうことはできません。一方でスーパーの陳列棚では商品を触ってもらうことはできても、大きな店頭ＰＯＰを掲げて商品の特徴を事細かに伝えるスペースをもらうことはなかなかできないものです。その点に関してはオンラインで商品の魅力を伝える場所に制限はありません。また実店舗を保有する企業が対面接客をしたり、営業が対面で商談したりする場合はかえってお客様に購入を催促するプレッシャーを与えることがありますが、オンラインではそういったプレッシャーを感じさせることはありません。このような特徴を最大限に活用して、お客様に無駄なストレスを感じさせることなく、お客様の熱が冷めないような購入体験を提供する工夫はいくらでも取り組むことができます。

　ステイホームがデフォルトになってから、新しいオンライン購買ユーザーが誕生しています。私はシンガポールからASEAN各国のＥＣビジネスを見ていますが、ASEAN各国のＥＣ売上をコロナ前後で比べるとその大きな伸びに驚きを隠せません。これは既存のオンラインショッピングユーザーの使用頻度が上がったことによるものではなく、今までオンラインショッピングを使う機会がなかった人たちの流入が要因です。これまでは中国を除けばアメリカを含むほとんどの国で、限られた層のみがオンラインショッピングをしていたといっても過言ではないでしょう。それが外出しない日常の誕生で、マス層が一気にＥＣになだれ込んできています。都市封鎖がその発端ではあるのですが、新型コロナが終息したとしても各国は新たな感染症防止のために非接触経済を推し進めていることから、この流れは止まらないでしょう。現にいくつもの調査会社から、多くの人が今後もＥＣの利用を続けたいと回答しているデータが発表されています。特に今まで全くＥＣでモノを買ったことのなかった高齢者の流入に着目します。

　中国では50代以上のＥＣ利用の増加が顕著だと聞きますし、シンガポールでも国を挙げてシニア層のオンライン購買を後押ししています。シンガポールの情報通信メディア開発庁は、オンラインサイトやテレビ番組で高齢者がデジタル技術の使い方を習得できる情報を提供して高齢者のオンラインでの新生活をサポートしているほどです。こうした新しいお客様の到来を受けて、これまで一般的にいわれていたようなオンライン購買体験では不十分な可能性が出てきます。今一度お客様の需要や購買行動を理解して対応していかなければ、せっかくのオンライン購入のチャンスを失ってしまいます。自分たちの商品をオンラインで購入する人の特徴を捉え直したうえで、利用者の期待に応えていかなければなりません。

アップルの元エバンジェリストであるガイ・カワサキ氏がプレゼンで使うフォントのサイズは聞き手の年齢の半分にしないといけないという話をよくされるように、シニア層が対象なら文字のフォントは大きくしないといけないし、子ども向けなら漢字を少なくするといった初歩的なところから対応が求められます。例えば中国のアリババは彼らのECサイトであるタオバオの中にシニアに使いやすいインターフェースを用意しています。一方レゴは子どもが見る専用のブランドサイトを用意していて、お客様に合わせたオンラインの購買体験を実現しようと取り組んでいます。高齢者は購入時に販売者との会話を希望する可能性が高いため、チャット機能や電話機能を購入ページに追加することなどはすぐに考えられます。こうした取り組みも含めて、せっかく買っていただけるタイミングで、お客様に無駄なストレスを与えないようにしなければなりません。

グローバルマーケティングカンパニーがECで注力すること

世界トップクラスのグローバルマーケティングカンパニーたちがどのようにECに取り組んでいるのかをヒアリングしたところ、まさにこの購入のタイミングでしっかりとクロージングする努力をしていることが分かりました。彼らの取り組みの中から主に3つを紹介したいと思います。

1つ目はECサイトの商品ページのデコレーションです。ECサイトの商品ページは単なる商品紹介ページではなく、思わず買ってしまいたくなる工夫が欠かせません。このページは商品を購入する最後のタッチポイントです。正確な商品名はもちろんのこと、商品をアピールする説明文の記載、特徴や利点も端的に紹介され、正確な商品画像で、色やサイズなどのSKU（Stock Keeping Unit：最小管理の単位）情報も一緒に見ることができ、最後にはレビュー情報もしっかりと押さえられているべきです。魅力的な商品情報は文章だけではなく、画像や動画を含みます。その商品を手にした時のライフスタイルや利用者のイメージが伝わる画像や映像です。企業によっては3Dで商品を掲載し、スマホに指を当てて動かすことで商品を360度自由に動かして商品を見ることができます。カラーバリエーションを確認でき、パッケージ商品なら中身をしっかりと見せる必要があります。

また、いわゆるリアル店頭にはPOPやパンフレットが置いてあるように、ECのページでもそれと同じ体験が提供できているかの確認も必要です。もし自社の商品の広告活動にタレントを起用しているなら、その商品ページにも転用すべきでしょう。海外での販売も考えているのなら、商品名は日本語だけでよいのかも確認する必要があります。日本語だけなのか、英語は入れるのか、もしくは中国語も入れるのか。ECには海賊版が流れていますので、公式商品であることの証明も大切になります。他にも商品を発送するパッケージと届く時の状態は受け手にとって大事な点ですので、どのようなパッケージで届くのかといった情報もあると親切です。その他、食品を扱う場合は原材料、栄養成分情報は掲載する必要があります。

2つ目が購入フローの簡易化です。現代人は文字をあまり読みませんから、誰もがパッと感覚的に分かるナビゲーションが必要になります。そうでなければ簡単に離脱されてしまい、クロージングできません。何回も来訪されるご贔屓のお客様なら別ですが、基本的にはお客様はそのサイトのどこにどんな情報が載っているのか知らないので、どのように商品をカテゴライズして並べるか情報の整理が必要です。例えば多くのお客様が気になるようなベストセラー商品、おすすめ商品、新商品があり、さらに興味を持ったブランドについて詳細を調べやすいブランドごとのSKUが続くといった整理の仕方です。お客様の視点で商品情報をカテゴライズして区切って見せることが大切で、オンライン特別限定の商品を取り扱っている場合なら、それをしっかりと見せることも有効です。

他にもサイト来訪者だけが得られるクーポンなどを表示したり、さらにはカスタマーギャラリーとして、良いレビューを他の方にも見てもらえるようにしたりすることも考えられます。それらのレイアウトを整理して見やすくする必要があります。実店舗での接客で行っているような内容を整理して、分かりやすくサイト上に掲出すれば、オンラインでも実店舗と同じ接客体験を提供できるようになります。

画像や動画は大切な要素になります。私たちはこれまでの長いインターネット体験で、画像はクリックできるものだと思っています。そのため画像を掲出するならリンクをつけてクリックできるようにすると効果的です。画像の情報に興味を持った人がクリックをしてより詳細な情報を得たくなった時に、しっかりとクロージングまで持っていく設計が大切です。自社サイトでＥＣをやっていて予算があれば、アマゾンのように、来訪者のデータに沿ってパーソナライズした商品を並べ替えていく選択肢もあります。また、いざ購買しようとする時に多くの個人情報を入力させられると、やっぱりやめようかなとなるので、他社の決済サービスとの連携をして個人情報の入力の手間を省き、スムーズな購入を促すこともできるようになります。ＥＣプラットフォーマー上でも、自社独自のプラットフォームでも、多くの場合チャット機能を付けることができます。こちらもうまく使うことで購買を検討しているお客様にスムーズに購入してもらう最後の一押しに活用できます。そして人は「今だけ」といった限定情報にどうしても弱いものです。こうしたコールトゥアクションも必要です。

3つ目はスマホの最適化です。スマホは将来的には今ほど強いメディアではなくなるかもしれませんが、しばらくはまだ強い存在であり続けるでしょう。そのスマホにおける情報伝達の最適化は必ず実行しなければなりません。私たちはパソコンで仕事をしている時間が圧倒的に多いため、さまざまなチェックをパソコンの画面でばかりしがちです。しかし企業側がパソコンでチェックしたものを、生活者はスマホで見ています。そうするとパソコンだったら問題ない文字の大きさでも、スマホで見たら話にならないほど小さい場合があります。文字の大きさや文字数、画像の配置などはパソコンとスマホは最適な状況が違いますので、必ずスマホで確認しましょう。スマホで画像+文字を見せる場合、文字数が多いだけでとても散らかって見えるものです。

スマホの最適化では動画の扱い方も重要です。パソコンで動画を確認すると大きく見えるので、動画の魅力を感じやすいですが、スマホになるとあまり魅力的に見えない場合があります。しかもわざわざスマホを横に向けて見ませんので、16:9の横長の動画だととても小さく、動画が本来持つ魅力をスマホ上で発揮できずに終わることがあります。動画の効果を最大限にするために、スマホの全画面における動画占有率を高める必要があります。だからこそ同じ動画を撮影する場合でも、16:9(横長)、4:5(ほぼ正方形)、9:16(縦長)くらいの3種類は用意して、スマホを使って情報接触する生活者になるべく大きい状態で動画を届ける必要があります。私は2020年の外出自粛中に複数のCM撮影をリモートで行いましたが、その状況でも問題なく複数バリエーションの画角で撮影を進めることができました。

このようにグローバルのトップクラスのマーケティングカンパニーたちが、商品購入のページを重要視し、デコレーションしています。その動きに合わせて海外のメディアエージェンシーは商品購入ページの魅力度を審査するサービスを提供しています。審査を通してある程度客観的な視点も取り入れながらページのデコレーションのクオリティを高めていく取り組みが可能です。

効果のある8つのセールスメッセージ

アメリカのエキスパート産業の第一人者であるブレンドン・バーチャード氏は著書『人助け起業《ミリオネア・メッセンジャー》』(ヒカルランド、2013年)において、効果があるセールスメッセージは次の8つの要素を含むといいます(以下、書籍より著者が要約して紹介)。

①主張
プロダクトやサービスによって達成できることを大胆に約束する言葉を最初に持ってくること

②難問
潜在顧客の状況と問題を理解していることを示す。お客様が抱える難問に光を当てるとともに打ち勝つ方法を見つけ、それによって乗り越えることが必要だと思ってもらうこと

③共有
潜在顧客が今直面している難問は、多くの人が共有しているもので、自分も同様の障害を乗り越えて成功したことを忘れずにお客様に伝えること。またどうすればあなたとお客様がともに同じ成功した未来を手に入れられるかも伝えること

④信頼
お客様の難問を解決して人生、成績、状況を改善する手伝いができる適任者である理由を伝えること

⑤選択
市場に出回っているどんなものよりも明らかに優れていると思ってもらえるようにする

こと

⑥比較値付け

お客様に得な取引だと思ってもらうこと

⑦心配

潜在顧客がソリューションに対して抱きそうな不満はどういうものかを自問自答し、その答えを盛り込むこと

⑧行動への呼びかけ

今すぐ買わなくてはいけないと思わしめるものを押さえること。「30日以内なら返品可能」や「数に限りがある」「今すぐクリック」など

ブレンドン・バーチャード氏は自らの知恵をパッケージ商品にし、オンラインを中心に販売してきた人物です。彼が過去に取り組み成功してきたやり方は、今オンラインをビジネスの起点とする私たちにとって大いに参考になると思います。ＥＣの購入ページで、私たちはこの8つのうちどこまでを取り組むことができているでしょうか。オンラインでお客様が商品を手に取ることができないからといって、知らず知らずのうちに自分たちでできることの限界を決めてしまっている可能性があります。

ページデコレーションの考え方は、ページをつくるというよりも、お客様の購入決定をサポートするコンシェルジュを用意するような考え方で進めるとよいです。オンラインシフトで商品とお客様とのエンゲージメントの在り方が変わる中、Eコマースではなく、EXコマースに取り組む発想で、オンライン起点でビジネスを考えます。会わないからこそ強烈な熱量を届けることを大切にして、自分たちの商品に対するこだわりやつくり上げるまでの物語を商品と一緒に伝え（ポスト）、熱量に反応してくれたお客様に無駄なストレスを感じさせずに購入体験をしてもらうことに取り組んでいくことが、他社と差をつけることにつながります。このストレスを感じさせない購入体験をしていくために打つ手が、グローバルマーケティングカンパニーたちも注力する購入ページのデコレーションです。

4　ピュアに行動する

感染症拡大防止を理由に収集された自分たちの情報は本当に正しく扱われるのか、そうした疑問が人々の中で生じています。こうした疑念が世界的に広がったきっかけは、2014年にフェイスブックの利用者データがケンブリッジ・アナリティカによって政治的に利用されたニュースだと感じます。今や世界中で27億人以上が利用する世界最大のSNSをめぐるこのニュースは、アメリカやイギリスだけでなく、世界の人々にとって自分事でした。自分の趣味嗜好の情報も流れているのではないか、という不安がよぎったのです。

GAFA離れするアメリカの若者

基本無料のフリーミアムというビジネスモデルが広まり、2000年頃を境に私たちはお金ではなく、個人情報を〝支払って〟色々なサービスを享受するようになってきました。例えばグーグルのGメールやグーグルマップ、ユーチューブなどはお金を払わずにサービスを利用することができます。一方でメールや位置情報、視聴情報などの個人情報を全てグーグルに提供していることになります。こうした個人情報を提供することで何らかのサービスを無料で享受することに疑問が生まれてきており、アメリカの若者の中には、自分の情報が悪用されているのではないかと懐疑的になりGAFA離れを始めている人もいると聞きます。

CESを運営するCTAは2000年代はケータイやiPodなどが広まったデジタル時

代、２０１０年代はフェイスブックやツイッターといったＳＮＳを中心としたコネクティッド時代とし、２０２０年代はデータが全ての中心になるデータ時代だと述べています。今までデータ化されなかったようなあらゆる行動・状態がデータ化されて、それらが活用されていく時代になるというのです。当然、蓄積されていくデータはこれまでのような一般的な集計データのようなものではなく、個人的なデータを含みます。こうしたデータを集めて活用することが容易になりつつあります。ＯＭＯで紹介した通り、カメラやセンサーを通じて、これからは日常のあらゆるデータが取得されるようになり、ＡＩによってそれらの大量のデータが一瞬で分析されるようになってくるため、生活者の全ての行動・状態は筒抜けになっていきます。現在ですら条件が揃えば、ＳＮＳのたった１つの投稿から個人名や住所の特定ができてしまう場合があります。

　４Ｇから５Ｇの世界になることで、これまで以上に大容量のデータを短時間で伝送・蓄積できるようになります。そうすれば、私たちがいつどこで何をしてどんな状態になっているのかが、至るところに設置されたカメラやセンサー、ＩｏＴ機器を通じて明らかになります。まさに映画の『マイノリティ・リポート』や『ザ・サークル』に描かれている世界です。

　そのような時代の到来を迎えるにあたり、生活者はこれから政府や名のある企業のサービスであっても自分で個人情報のセキュリティに関する判断をしなければならなくなります。一方企業側は「自分たちは決してデータを悪用しない企業である」ことを生活者に納得してもらわなければならない時代に突入しています。

○ 信頼されなければデータ時代を戦えない

生活者の関心はプライバシーとセキュリティに向かっていくだろうとＣＴＡは指摘しています。特にＩｏＴの浸透が進むと、多くのデータが取得されるようになります。ＩｏＴには主に2つの種類があります。データを取得するポイントが大量にあり、これまで取得できなかったデータを大量に集め、一つひとつは小さなデータでも集まることでより正確な測定や予測を可能にするMassive IoTと、データを取得するポイントは少ないものの、一つひとつの情報量が深くとても価値がある、例えば体内のデータや運転中の感情データの取得を可能にするCritical IoTがあります。Massive IoTによって得られるデータは個人が特定されないデータですが、Critical IoTによって得られるデータは非常に個人的なデータです。

自分に必要なサービスを利用するために超個人的なデータを提供していく機会は今後

ますます増えていくでしょう。例えば先に紹介したグーグルのナノ粒子や自分が病院にかかった診断情報、自分の赤ちゃんの排出物のデータ、母乳のデータ、尿のデータなどです。こうしたデータを取得し、ＡＩで分析して何らかのサービスにつなげようとするスタートアップが、シリコンバレー、深圳、イスラエルで次々と誕生しているわけです。日々どのような生活を送っていて体がどのような状態にあるのか、どのような感情の起伏が起こりやすいのか、血圧に影響が出ているのか、さらにはどのような遺伝子を持つのかといったデータがサービス提供会社に可視化され、管理されていくことになります。本来なら他人はまず知ることのないデータを提供することで、私たちは健康な生活をこれから享受していくことになりそうです。

コロナパンデミックは全世界の人々の健康に対する自己防衛意識を一気に高めました。これまでは人間ドッグを受診してようやく分かっていた情報もアプリや体内に入れたチップを通じて、分かるようになっていきます。そうしたデータ時代において、生活者はどの企業と付き合って生きていくべきか、必要とするサービスを利用するために自分の、あるいは家族の個人的な情報をいったい誰に提供するのかを考えます。その時代が到来する時に生活者が考えることは「私たちは誰を信じるか」です。個人のヘルスケアに関するデータは、家計のデータよりもセンシティブです。だからこそ誰を信用して個人的なデータを提供するのかが今後一層問われてくることになります。個人のデータに対する安全性はますます重要視されるわけです。

その時に選ばれる企業は、信頼できる企業です。この企業であれば、個人的なデータを提供しても大丈夫、そう思ってもらえる企業だけがお客様の個人的なデータを取得することができ、そのお客様にぴったりの商品・サービスを提供できるようになるのです。そしてＡＩを活用したディープラーニング（深層学習）により、商品・サービスを利用してもらうほど、より良い体験をお客様に提供し続けることができるようになります。つまりこの企業であれば、情報を提供してもよいという信頼を得なければデータ時代に戦えなくなります。

私たちは信頼されるために、信用を積み重ねていく必要があります。積み重ねるのは認知ではありません。認知度を重要な指標の一つに掲げている企業は多くありますが、信用度をＫＰＩに設定している企業はどのくらいあるでしょうか。どれだけ知ってもらってもお客様のデータを提供してもらえないと、今後お客様との関係構築ができずビジネス環境で勝ち残っていくことが難しくなります。データを提供してもらうためには信用を貯めていかないといけません。信用貯蓄を進めるためには社内の指標の在り方、行動を変えていく必要があります。

評価指標が変われば行動が変わる

Uberで車を呼ぶ時、すぐ車を呼べる人と呼べない人がいます。仮に車を呼ぼうとしている人がまだ社会に出ていない大学生と上場企業の役員だったとして、大学生は簡単に車を呼べるのに対して、役員はなかなか車を呼べないことがあります。肩書きや財力ではなく、単純にUberに寄せられたその人の評価点数がドライバーに表示されて、点数の低い人を乗せるのは止めておこうと思うからです。

インターネットにレビューが誕生して、最初は商品単体に対する評価のみだったものが、その商品を販売する企業の評価が加わるようになり、買い手も評価される、レビューのし合いが起こっています。こうした相互レビューの浸透により、私たちは信用経済へ突入したといえます。年収や学歴、肩書きではなく、レビューの点数で人が評価される時代です。ポジションは偉いけど偉そうな態度の人は点数が低くなります。中国ではいち早くこのレビューのし合いが起こっていたと聞きます。低い評価をつけられたくないために、行動を改める人が増えてきた。そんな話も聞いたことがあります。人の評価が地位や名誉、資産の大きさではなく、商品・サービスを利用する時の相手に与える印象で決まっていく中で、横柄な顧客が少なくなる可能性があるのです。評価の指標が変われば、必然的に私たちの行動は変わってきます。

私たちは評価指標にコントロールされています。売上利益が絶対指標になっていれば、優秀である人ほどその最短距離を走ることでしょう。しかしその結果、例えばデジタルマーケティングの世界では、何かのサイトにアクセスした、何かの商品を一度購入したというデータから、単純に同様の商品をお客様のスマホに執拗に表示し続ける事態が起こっていました。お客様は商品を既に購入しているので、同様の商品を提案されてもうれしくありません。お客様の生活を向上するためにどうするかと思い至ることなく、ただ自分たちの商品を買ってほしい気持ちが先行したマーケティングが氾濫したことは否めません。ただしかし従業員は売上利益を最大化するための最短ルートとしてやっていたわけです。そのようなトラッキングを受ける生活者の側は、お店に入って売ろう売ろうとする店員を避けたいと思うのと同じように、データを基に売ろう売ろうとする企業に嫌悪感を覚えます。

データは売上を上げるためのものではなく、お客様の生活を改善する、生活の質を向上するためにあります。私たちはそのためにデータを使用しなければなりません。その結果、たまたま売上が上がっていくのです。当然売上がなければ企業は存続できないので売上は必要ですが、この順番だけは守らなければなりません。人間関係において考えれば普通のことだと思います。近しい関係になっていくにはステップが必要です。逆に信用が貯まった状態では、多少理不尽で全くロジカルでない話すら受け入れることもできてしまうものです。まず私たちは信用を貯蓄することに注力する必要があります。そのためには信用の貯蓄が評価につながる指標が必要です。

一度その企業や商品のホームページに訪れたからといって執拗なストーカーまがいのトラッキングをしていては、テレビCMでどれだけ美辞麗句を伝えても信用は貯まりません。お客様に商品を売って売上や利益を稼ぐことばかり考えるのではなく、自分たちが見つめ直したパーパスに沿う、お客様の役に立つというピュアな気持ちで、お客様の困りごとに具体的な解決策を提供しない限り信用は貯まっていきません。かつ一度きりのお役立ちではなく、継続的にお客様の生活の改善・人生の価値向上に具体的に役立つことを行動で示すことが、信用の貯蓄につながります。

そうして信用が貯まった企業や商品は、信頼されて個人的な情報をもらうことができ、もっと良い提案ができるようになります。結果として売上と利益がついてきます。全従業員がその点にピュアに取り組めるための絶対的な評価指標があれば、自ずと売上利益のためのマーケティングはなくなります。アメリカのベストセラー『ザ・ゴール』（ダイヤモンド社、2001年）の著者エリヤフ・ゴールドラット氏が企業の究極的な目的は「現在から将来にかけて金を儲け続けること」としたうえで、本の出版後に設立した教育ゲームの開発会社の設立定款には「利潤に基づいた意思決定は行わない」と明記しました。信用がどれだけ貯まっているかを定点観測できる指標を取り入れて、それを経営者および全従業員の評価指標にすることで、お客様の信用を増やしていくことができるようになると考えます。

5 パーソナライズする

大量生産・マス広告・大量消費時代は、いかに多くの人に「新しい商品」を効率よくリーチさせるかが重要で、そのため一人あたり最も安くできる広告メディアが企業に好まれてきました。今やインターネット広告が年間広告費のナンバーワンの座を取っていますが、一人あたりのリーチ単価は未だテレビCMが首位の座にいます。

日本広告界の権威の一つである、東京コピーライターズクラブの広告年鑑（その年の優れた広告をまとめたもの）で昔の広告を見ていると、TOTOのウォッシュレットやソニーのウォークマンなどは広告も素晴らしいですが、何よりも本当に新しい商品が生み出されていたことが伝わります。しかしそのような革新的な商品の出現は昨今ほとんど見ることはありません。いち生活者としては、スマホとタブレットくらいでしょうか。このような新しい商品と呼べるものであれば、知ってもらいたい人たちに対して一人あたりのコストを下げながら、できるだけ多くの人にリーチさせたいという考えが通用します。一方で、残念ながらそこまで新しいといえないものは、一人あたりのリーチ単価を気にしてまで、結果的に総額が多くかかる広告メディアを使う必要があるのか疑問です。たとえ一人あたりの広告費が数円だったとしても、結局広告費をバラまいただけで、大多数の人にとっては意味のない情報で、本当につながりたい人にはアクセスできない、もしくはアクセスできたとしても6秒か15秒か30秒しか会話するチャンスがありません。

お客様を理解するためのデータを集める

家庭からテレビの前のお茶の間風景がなくなり、みんなが好きなタレントや番組もなくなっている話は20年以上前から耳にしています。１９９０年代はよくミリオンセラーという言葉を聞きましたが、１００万人がこぞって買うようなものも今ではほとんどなくなってしまい、人の好きなものはどんどん細分化されています。たとえ新しい商品を創り出したところで、みんなが必要とする商品にはなりにくい環境です。

さらに新型コロナにより、優先順位の見直しや節約志向の加速で、自分にとって意味のないものは買わないようになっています。6秒、15秒、30秒という僅かな接触だけで、自分にとって意味のあるものだと捉えてもらうのは至難の業です。根本的に生活者との接点のつくり方を見直さなければなりません。

そもそも新しい商品を創り出すこと自体がほとんどない、たとえ新しい商品を創り出せたとしても、みんながこぞって必要としてくれる時代でもない、さらに自分にとって意味のあるものだと納得しなければ買ってもらえない。商品と生活者をとりまく環境がこのような状況で、いかに多くの人に一人あたりのコストを安くして知らせるか、という考え自体が必要ではなくなってきています。それよりも大切なのは必要な人に、あなたにとって意味のあるものだと認識してもらうことで、そのためには相手のことを知ろうとする必要があります。

Microsoft Digital Advertising Solutionsによる動画「The Break Up」をぜひユーチューブで検索して見ていただきたいです。広告主役の男性と、消費者役の女性が、レストランでディナーをするのですが、女性が男性に「離婚したい」という場面から2人の話が始まります。それに対して、男性がこれまでテレビCMで話をしてきて、知りたいだろう情報をウェブサイトに掲載してきたのになぜ突然そんなことを言いだすのかといった話が展開されるものです。企業が生活者のことを知ろうとせずに一方的な広告をしてきたことを揶揄している共感できる動画です。

「今でしょ」のフレーズで一躍有名人となった林修氏は、必ず結果を出す人の対人力として、観察して相手のこだわりを見抜くことを紹介しています。誰かにプレゼントを贈る時にも、「相手をよく観察して、そこに欠けているものを贈る」ことが大切だといっています。観察を前提として相手を知ることができれば、その人にとって意味のあるものを提供できるようになります。人は「自分が分かってほしいと思うように分かってくれる人の話なら聞きたくなるもの」であり、それは相手が企業であっても商品ブランドであっても変わりません。私たちは消費者調査をいくつも重ねてペルソナを描いて顔も知らない多くの人に向けてアプローチするのではなく、実際に商品を購入していただいているお客様を一人ひとり把握し、理解して接していく時期に来ています。これは昔の商人が取り組んでいたことで、特別難しいことではありません。

相手を知れば相手の欲するものが予想できて、適切なやりとりができる可能性が高まります。逆に相手を知らなければ、当てずっぽうな情報や提案を投げかけるだけで、その網にうまく捕まった人に対しても、他の人にも通用する内容を届けるだけになります。今こそ、広告をばら撒いてたくさんの人にどうでもいい存在だと思われるのではなく、必要な相手と確かな関係構築を目指す時です。そのために私たちはお客様を理解するためのデータを集めなければなりません。

ここまで、商品のこだわりや背景にある物語を熱量を持って伝え（ポスト）、心揺さぶられた方にオンラインでストレスを感じることなく購入していただくこと（ページデコ）をお伝えしました。商品を販売する視点に立つとこれで一つのゴールに至るわけですが、一度買ってもらっただけでその後音沙汰ナシではビフォーコロナのオフライン中心の商取引と変わりません。せっかくオンライン中心のビジネスになるのですから、そのメリットを最大限に生かしたいものです。そのメリットこそがお客様を理解するためのデータ集めです。

1章で既にDNVBの取り組みを紹介しましたが、彼らの基本はお客様のデータを集めて、それを基に商品を改善してお客様の商品体験をより良くすることです。顧客のデータを得ることはより良い体験・オファーを提供するためであり、だからこそデータをできる限り得るのです。お客様も提供した個人情報の分については、サービスとして返してもらっていることになります。ピュアな行動を続けることでデータをしっかりと集め、分析していくのです。

オンラインシフトしたＯＭＯの世界では、顔も知らないお客様に商品を販売してそれっきりではなく、行きつけの店になる姿勢が求められます。これまでは直接会うから信頼関係がつくりやすかった面もあるでしょう。対面で得られる空気感や質感はありますが、この流れはテレビからインターネットに、アナログからデジタルに移行してきたのと同じように、オフラインからオンラインへのシフトは不可逆的なものでしょう。これまで実店舗でお客様に対面していた事業も、パッケージ商品を流通を介して小売店で販売していたためお客様の顔を知らないような事業も、オンラインによるデータを集めることで、まるで直接会っているようなやりとりを提供していくことを考えていく時です。今まで対面接客ができていた企業にとってみれば、会えない損失をカバーできますし、そもそもお客様と会うことができなかった企業にとってみれば、むしろ以前よりお客様に近づくことができるようになるわけです。お客様の側にとっても、不要な外出・接触をせずとも、自分を分かってほしい信頼できる相手に自分のことをちゃんと分かってもらうことができるようになります。

オンライン起点で、自分たちのこだわりにどのように心揺さぶられたのか、その後自分たちのどのような考えや取り組みに興味を持ってくれたのか、どの商品は購入され、あるいはされなかったのか。こうしたデータはサイト分析で確認が可能ですし、さらに

ＤＮＶＢのように簡単なアンケートを購買フローのどこかに設けるだけでも、お客様の嗜好や要望に近いものを予測することができるようになります。このようなデータを一人ひとり整理することで、その人に最適な商品や情報提案が可能になります。

いくつかの大企業ではお客様を一人ひとり理解しようと、各部署に散らばるＣＲＭのデータをONE IDというような呼び名で一元化する動きをしています。しかしデータの紐付けには時間と費用が予想以上に大きくかかるため、迅速に進められている企業はそれほどなく、一人ひとりのお客様のデータ取得・活用という意味においては大企業とそれ以外の企業とで差はほとんどありません。特に大企業は各部署に散らばったデータをとりまとめようとするため時間と費用がかかる分、そうでない企業はスピーディーにお客様一人ひとりのデータを取得し、活用できると考えられます。

データドリブンマーケティングという言葉が数年前からいわれていますが、この言葉における「データ」はさまざまなデータを含みます。しかし私が集めて理解すべきというのはファーストパーティデータであり、その中でもお客様一人ひとりを理解するためのデータです。

○ファーストパーティデータとサードパーティデータ

データには大きく分けて、自分たちが収集して保有するファーストパーティデータと、第三者がさまざまなデータをまとめたサードパーティデータがあります。ファーストパーティデータは自社が集めた情報なので、購入情報などお客様自身で登録したものになります。そのため絶対数に限りがあり、まだ出会っていない未来のお客様にアプローチするためには、もう少しボリュームを担保して、どんな人がお客様になる可能性が高いのかを予測するようになりました。そこで他社から購入するようになったデータがサードパーティデータです。国や自治体が公開している統計データと、人々が何らかのサイトを閲覧した履歴を集めることで得られた性年代別の趣味嗜好や行動特性などのデータで、どういう所得の人、家族構成の人なら、どういう考えや行動特性があるのかといった情報です。サードパーティデータを購買し、自社が集めたデータと掛け合わせることで、どのような人が自分たちのお客様になりえるのかを考えて、ターゲティング広告配信に活用し、新規顧客開拓につなげていました。

しかし、グーグルが既に発表している通り、サードパーティクッキーに依存したターゲティング広告配信は今後できなくなります。サードパーティクッキーがとれないとなると、どの広告を見てサイトに訪れたのかといったアトリビューションが分からなくなるため、広告効果を測定・証明することが難しくなり、企業によっては広告活動の振り返りとそれによる次年度の予算確保も難しくなるでしょう。そうした状況を踏まえると、ファーストパーティデータがなければお客様に訴える術がなくなり、広告効果の測定もできなくなるといっても過言ではありません。今後は、この企業、この商品ブランドに対しては自分の情報を提供してもよいと思った生活者からデータを提供してもらい、それを活用して事業活動をしていくスタイルに移行していくと考えます。

●今すぐファーストパーティデータを築く

自分たちでデータを集めることで初めて、どのようなコンテンツ、クリエイティブ開発をしていくべきか（そしてそれをポストしていく）、どのお客様にどの情報を出し分けるかといった配信の強化（後述のパーソナライズ）に取り組んでいけることになります。その結果、生活者を心地よく購入までエスコートするようなアプローチが可能になるでしょう。そのためにはファーストパーティデータを蓄積していく努力が欠かせません。自社ＥＣサイトやコミュニティサイト、アプリといったものは、蓄積するための選択肢の一つです。

お客様のデータの活用はあくまでお客様との信頼構築、関係構築のためです。その結果、売れる構造になります。そもそもデジタルトランスフォーメーションとは、何かを効率化するためではなく、あくまで顧客体験の向上のために取り組む手段です。より良い関係になることが目的で、そのためにデータを集めて活用します。

集めたデータをそのまま見ているだけでは、お客様にとってみても当たり前の情報となり、驚きのある（うれしい）提案ができません。データを取り扱う時の基本は、複数のデータを掛け合わせることです。私がリクルートにいた時に、揃えたデータをきれいにまとめてクライアントに持っていこうとすると、大先輩から「お前はアホか。そんなデータならお客様も読めば知っている。どうしてどこか別のデータと掛け合わせたり、比較したりしないのか。そうした一つの工程が入るだけで、意味のある仮説が出てくるかもしれないだろう」とこっぴどく怒られたことがあります。一つひとつのデータでは、「で？」と突っ込みたくなるような単純な内容で止まってしまいます。そのためお客様に提供していただいた貴重なデータを、社内の他のデータと掛け合わせたり、一般公開されている統計データと掛け合わせると、そのお客様も気づかないような喜んでもらえる提案ができる可能性が高まります。

データを蓄積していくことが必要といっても、大金を投じてデータプラットフォームをつくる必要はありません。そうした箱をつくることよりも、今あるリソースでお客様を一人ずつ理解し、エスコートしていく姿勢でデータを集め、見ていくことが必要です。先に紹介したワークマンには、大量のデータを分析できるＢＩツールが導入されていたとはいえ、エクセルを使って全国の店長や店頭スタッフがデータを扱えるようにしたと聞きます。まずエクセルからでもできることがあります。さらにワークマンの場合、彼らは決してデータサイエンティストを外部から新しく雇ってきてデータ経営を始めたわけではないようです。「データ屋さんはデータが好き。でも現場のことにあんまり興味がない。だから現場の人がデータを使えないといけない」という考えで、各店舗のスタッフにエクセルを触らせるようにしたそうです。大掛かりなデータベースの構築をしたり、データサイエンティストを何人も社外から採用したりする必要はないのです。

ファーストパーティデータの、さらに一人ひとりのお客様を理解するためのデータが重要になってくるわけですが、健康の自己防衛意識の高まりにより特に注目すべきデータはヘルスケアデータ、つまり健康に対するデータです。健康が人々とつながるきっかけにもなることを意味しています。人々の健康な生活にどう役立てるかは、全ての企業が考えることができるはずです。健康でありたいというニーズは特定のセグメントに起こっている現象ではありません。全世界の全人類が自分の健康について行動し始めています。だからこそ、健康に役立つことができれば、顧客と強いつながりを築けるようになります。

既に一部の企業の間でヘルスケアデータは顧客との重要な接点として着目され始めています。世界最大のスーパーマーケットチェーンのウォルマートはコロナパンデミック以前に2万7000人の顧客調査の結果、顧客はヘルスケアソリューションを求めていることを把握し、そのためのデータ取得の必要性を感じて既に動き始めています。ウォルマートはヘルスケアを新しい収入源の一つだとさえ考えています。これまで企業は広告メディアで広告を流してコミュニケーションを図っていましたが、これからはヘルスケアデータを取得分析して生活者との関係構築に取り組んでいく企業が増えてくるでしょう。

アマゾンのフィットネスバンド、Haloもその一つの例です。個人的なヘルスケアデータを手にしたブランドは強い存在になりえると、世界的な広告会社ピュブリシスはCES2020で紹介しています。彼らはメディアの再発明を進めるうえで、このヘルスケアデータに着目しており、健康データは生活者の態度変容や購買行動に非常に影響力があると述べています。これまでテレビCMやインターネット広告を多くの企業が顧客接点として活用していたように、どの企業も顧客の健康データを取得してソリューションを提供しようとすることで顧客とつながる時代になろうとしています。あらゆる企業がテレビ

CMやインターネットに広告出稿するような感覚で、健康データを顧客とのタッチポイントとして扱うようになるのです。

例えば、生活者の睡眠の質を可視化し、より良い睡眠を提供する寝具。これから増加するであろうリモートワーク中の心理的ストレスや不安を可視化し解決策を提示する衣服。座る姿勢の悪い癖を正して腰痛を防いでくれる椅子。自宅は今私たちの健康基地になろうとしています。家の中にあるあらゆる商品をどうすれば生活者の健康に紐づけられるかを考え、健康ライフに寄与できるかが勝負どころです。もちろん家の外で使われる商品なら、他人との接触リスクが増える屋外でどうお客様の自己防衛に役立つ健康データを提供できるかを考えられるかもしれません。たとえ健康に一見関わりのなさそうな企業や商品であったとしても、お客様の健康的な生活に役立つ企業は今後必要とされ続けるでしょう。お客様の健康に関するデータをお客様との接点となるメディアと捉え、お客様を理解し生活を改善するソリューションを提供することで、ひいてはお客様との強い関係性構築につなげることができるでしょう。

データを得た先にあるパーソナライゼーション

本章で紹介したブレンドン・バーチャード氏は先に紹介した著書で「メッセージ、ブランド、プロダクトを効果的にプロモートするのに必要なのは、『客の連絡先を獲得でき、メールを送れ、クレジットカード注文も処理できる』ウェブサイトとショッピングカート・システムだ。(中略) オンライン基盤を築いて『客に価値を与えられ、客の連絡先を獲得でき、商品を売れる』ようになったら、今度は『客との関係の構築、プロダクト創り、プロモーション』に力を注ぐ」と述べています。彼の取り組みはまさにオンラインを起点としたビジネスの取り組みであり、法人も参考にできるものです。お客様と一度つながることができれば、次にやることはお客様との関係構築です。不特定多数の人に向けて広告をばら撒くのではなく、お客様のデータを取得して理解し、一人ひとりに合った接触や提案に自分たちのリソースを注ぎます。

データ時代となる2020年代は、デジタルを活用してデータを駆使しパーソナライズされた商品・サービスを提供していくことが予想されています。2018年から3年連続CESを視察して感じたことは、どのプロダクトもテクノロジーを活用することでお客様のデータを得て、パーソナライゼーションによるより良い生活の提供を目指そうとしていることです。ヘルス関係はもちろん睡眠、スポーツ、音楽、美容などお客様のデータを取り込みながら、お客様ごとに最適な体験を提供しようとしていました。テクノロジーがデータを得やすくし、それによりパーソナライゼーションを可能にしてきているのです。

過去のテクノロジーはマスに向けたものでしたが、今のテクノロジーはパーソナルに向けたものといえます。このテクノロジーを活用すれば、お客様とのやりとりは今後ますますパーソナライズしたものに進化していけるはずです。デジタルテクノロジーが我々にもたらす未来は、全てのやりとりがパーソナライズされる世界。そんな風に感じます。例えば、その一つがヘルスケア製品を取り扱うジョンソン・エンド・ジョンソンが２０１９年のＣＥＳで発表したサービスです。センシング技術を用い、人の体の状態を可視化するものは以前からありましたが、可視化される内容がとても個人的な情報にもかかわらず、それを踏まえての提案はパッケージ化されており、多くがパーソナライズを感じにくいものでした。ジョンソン・エンド・ジョンソンがユーザーの声を聞いて分かったことは、自分の肌の状態を把握するだけではなく、自分だけが抱えている問題を解決してくれるものがお客様に求められていることでした。そこで彼らは自分の顔の状態を把握したうえで、自分に最適な形でパーソナライズされたスキンケア商品を購入できる、「Neutrogena

MaskiD」というサービスを紹介しました。こうしたテクノロジーを活用したパーソナライゼーションはその後同業他社から次々と打ち出されています。

パナソニックも車のドライバーの感情を捉えて、感情に浮き沈みがあっても安全運転ができるようにサポートする、といったパーソナライゼーションに取り組んでいます。サムスンはテレビでのiTunesやネットフリックスなどのコンテンツ視聴におけるパーソナライズにに取り組んでいます。ユーザーのこれまでの視聴内容に応じてパーソナライズされたコンテンツをレコメンドするものです。その他さまざまな企業が、睡眠の質改善やお肌のケア、赤ちゃんの成育サポートなどのパーソナライズされた体験を提供しています。このようにデジタライゼーションがもたらすデータ取得、またその先にあるパーソナライゼーションは、全ての企業に関係していくことだと考えられます。

データは、パーソナライズされた体験を提供するためにあります。つまり、お客様よりも先回りして必要な提案をするためのパーソナライズです。収集したデータから、好みや願望を予測して先回りした提案を続けていくことで、お客様にとって痒いところに手が届く存在になっていくことができます。嫌いではないが特に好きでもない不安定な関係から、大好きでいなくなったら困る確固たる存在に自分たちを持っていくことを目指します。まさに自分たちのファンを増やしていくのです。

心理学にザイアンスの法則というものがあります。接触回数に比例して人は相手に好意を抱くというものです。一度出会ったのにその後全く音沙汰ナシでは、関係構築はできません。かといって不必要なトラッキングを続けるのではなく、データを取得分析してできるだけ良いタイミングで、頻度を保ちながらうれしいと思ってもらえる接触を試みることが可能になっていきます。それによりお客様との関係を強固にしていきます。一人ひとりのお客様のことを考えて、それぞれ接していく行為において、企業の規模に差はありません。予算が必要なわけではなく、お客様に向き合おうとするスタンスが問われます。むしろ大企業は抱えるお客様の数が多く、売上目標にも目がいってしまい一人ひとりに向き合うことは難しい可能性があります。

一人ひとりに向き合ってお客様の心を掴んでいくのは、ランチェスター戦略の弱者の戦略の考えと同じです。大企業と比べてリソースが限られた企業であっても、お客様に直接営業する接近戦をすることにより、顧客層・エリアなど何かの分野で1位を狙うことが可能です。一人ひとりのデータを基にパーソナライズした接近戦が、オンライン起点のビジネスにおいて何かの分野での1位になることにつながります。

そのためにはお客様を見定める発想も必要だと考えます。全てのお客様に対応するにはどうしても金銭的・時間的コストがかかってしまいます。全てのお客様を平等に扱うのではなく、お客様を選択して集中する考えが、パーソナライズを定着させていく初期の段階では特に重要です。理想は全てのお客様に平等に接していくことですが、自分たちの体力が持たずに、パーソナライズも実現できずに終わってしまう可能性があります。そうではなく、お客様のデータの中にある、どのお客様がリピートをよくしているのか、頻度が高いのか、5つ星のレビューをつけているのか、購入バスケット金額が大きいのか、キャンセル率は低いのか、結果ライフタイムバリューが高いのかといった情報を基に、どんな人が自分たちにとって良いお客様なのかを調べることが求められてくるでしょう。

　お客様の側も、自分たちが投じている金額によってサービスが異なるのは自然なことだと思っています。むしろその逆も然りで、自分はここまでこの企業や商品に投資しているのだから、一般のお客様より優遇されて然るべきではないかと思っているはずです。エルメスはそうした顧客心理をうまく押さえています。エルメスのバーキンはどれだけお金があっても、彼らの優良顧客でなければ買うことはできません。良いお客様を見極めて投資していく考えは、決してお客様を大切にしないわけではありません。

　大量生産・マス広告・大量消費の時代のマーケティングは、どちらかといえば狩猟型で、どんどん新しいお客様を開拓することでビジネスを大きくしていくイメージでした。そのための手段は差別化した製品をつくり、規模の経済で効率的にさばいていくものでしたが、それを農耕型の活動に変えていきましょうということです。一度お会いすることができたお客様を大切に扱い、提供されたデータを分析し、そのお客様により良い生活や人生の価値を提供していくのです。データといってもPOSデータのように「何がいつどのくらい売れた」という商品軸のものではなく、「誰がいつ買って満足したのか」という人軸のデータです。人軸に行動・嗜好が蓄積されていくからこそ、その人に喜んでいただけるであろう情報や商品の提案ができるようになります。「あぁこの人はやっぱり私のことを分かってくれている」と思える存在は、いなくなっては困ります。必要なタイミングで最適な情報や商品を提案していくことで、分かってくれていると思ってもらえるようになります。

ブランディング専門会社のインターブランドジャパンは、過去5年間にわたるグローバルでの「顧客体験価値（CX）調査」の分析を通じて、顧客体験価値を高めるには、5つの要素を顧客に感じてもらうことが重要であることを明らかにしています。その5要素は、①私向けのものだと思える、②私にとって意味がある、③オープンで正直である、④私の立場で考えてくれる、⑤いい気分にさせてくれる、です。いかに私、つまり一人ひとりに合ったものを提供しなければならないのかを考えさせられます。

大量のお客様一人ひとりに向き合う場合にテクノロジーを活用する

データの量が少ないフェーズでは、お客様のデータを集め分析し、向き合っていくことは、手作業で対応できるはずです。例えば小規模ビジネスで考えても、1000人のお客様に8000円の商品を毎月買ってもらうだけでおよそ1億円のビジネスが想定できますが、1000人くらいであれば一人の手作業で対応できます。ただし顧客数が増えていくと手作業は難しくなります。トヨタ自動車の商品レクサスを例にとってみると、2019年にレクサスは日本で6万台販売されたといいます。日本の車の平均所有年数が約8年なので、8年に1回購入のサイクルがやってくるとして、単純計算で6万台×8年の約50万人のお客様が存在する可能性があります。顧客数がこのように万単位になった場合、一人ひとりに接していくことは、とてもじゃありませんが人間の業ではできそうもありません。お客様が多くなっても一人ひとりのことを考えていくためには、テクノロジーの導入が欠かせなくなります。

2014年頃から日本でもマーケティングオートメーションというワードが聞かれるようになりました。MAと略される存在ですが、基本的にこれは新規商談獲得のために自社の見込み顧客に対して、それぞれ適切なコンテンツを提供し、ニーズを顕在化させていくことを自動化してくれるものです。あくまで新規獲得が主目的ではありますが、このオートメーションという考え方を新規獲得ではなく、お客様との関係構築に使えるのではないかと考えます。

２０１６年にシンガポールで開催された「Asian Marketing Effectiveness & Strategy (AMES) Award」に出席した時に、なぜＭＡが必要なのかというテーマの講演で、「人では扱えないくらいの情報量に対応するためであり、人が寝ている時もお客様に対応するためだ」という話を聞きました。テクノロジーを活用することで1日の勤務時間が8時間から24時間に拡大できます。かつデータを取り扱うスピードも人間よりテクノロジーの方が安定しているため、千単位以上の量を扱うことは非現実的ではなくなってきます。そのためお付き合いするお客様の数が多い場合には、テクノロジーの活用が欠かせません。そして、この時に検討したいものがＡＩです。自動化はあくまであらかじめプログラムしたものに従って実行されるものだからです。

一方、ＡＩは決まったことをただやるのではなく、何らかの法則性を常に模索し、それに基づいて最適な対応をしていきます。そのＡＩを有能な部下のように雇う感覚です。ＡＩは人の仕事を奪う可能性はありますが、人間には量的に対応不可能なことをサポートしてくれる利点があります。残業という概念もなく寝ている間も働いてくれます。そもそも今後働き手が10％減ることが予想されている日本で、ＡＩの活用は人手をカバーする意味でも有効です。ただしＡＩは最初から万能ではありません。非常にＩＱの高い赤ちゃんのような存在です。ＡＩを買ってきたらその日から何でも分析して解答案を出してくれるわけではなく、社内で自分たちが育てないといけません。さらに育て方次第で全くダメにもなる可能性も秘めているため、育て方がとても大切です。

　ＡＩは、データを集めて、それを学習させて、出来上がった学習モデルをサービスに組み込むことで初めて使えるようになります。話したことをテキストに出力するなど一般的なことであれば、販売されているＡＩは既に教育されているでしょうが、自社独自の情報、この場合でいえば自社独自のお客様データに対して対応できる状態ではありません。このお客様はこのようなことを好む可能性が高いので、これを提案してみるなどの独自の対応は、独自のトレーニング（機械学習）が求められます。このトレーニングも半年から2年ほどかかる可能性がありますし、それでも使い物にならないこともあります。それでも万単位のお客様がいる場合はＡＩの導入を検討してよいのではないかと考えます。

　これまでＡＩの行う出力はブラックボックスで、なぜだか分からないけどＡＩはこう結論づけたというようなタイプばかりでしたが、最近ではこのような考え方によってこの出力を行いました、という判断の根拠を説明できるホワイトボックス型のＡＩも登場しています。ＡＩ、ひいてはその重要な一部である機械学習（および内包されるディープラーニング）は、一部の先進的な企業やＩＴ企業だけのものではありません。１９９５年にインターネットを初めて知った時に、これはＩＴ企業のものだと思った方は多いかもしれませんが、２０２１年にインターネットを使わない企業はごく限られているはずです。ＡＩ・機会学習・ディープラーニングは、そのインターネットと同じものと考えます。これをビジネスに活用できない企業は、インターネットを活用できなかった企業と同じように、今後成長が期待できなくなるでしょう。ＡＩを、私はお客様との関係構築に活用していくことに価値があると考えています。

ＡＩ・機械学習・ディープラーニング自体に競争優位性はなく、企業にとってはパソコンやインターネットと同じく標準装備のようなものです。しかし優秀なＡＩに育ててお客様との関係構築に活用できれば、他社と比べて非常に大きな優位性になりえます。膨大な量のデータを解析し、何をすべきかの優先順位付けを即座に行うことができるＡＩの利点をお客様との関係構築に生かすことで、ご贔屓客を増やすことにつながります。ご贔屓客は簡単に他の商品には流れていかないものです。

まず、優秀なＡＩを社内で育てるためには、十分なデータを確保する必要があります。

優秀な子どもを育てるために、必要な勉強をしてもらうようなイメージです。そのデータ収集を助けてくれるテクノロジーにＩｏＴがあります。ＩｏＴはあらゆるモノがインターネットにつながることを指しますが、モノがインターネットを通じてその商品の利用状況を伝えてくれるところに意味があります。つまりお客様が商品をどのように使用しているのか、どのくらい使用しているのかを、企業側にも利用者側にも知らせてくれるわけです。

　このデータは、先のファーストパーティデータと同じです。こうして集まってくる大量のデータ（いわゆるビッグデータ）を、機械学習・ディープラーニングさせることで、お客様の体験を改善するものが見えてきます。それを基にお客様に次の提案をしていく流れが可能になります。ＩｏＴを導入することは、商品を売り切って終わりではなく、売った後の関係を充実させることにつながります。例えば飛行機のエンジンにセンサーを取り付けることで（ＩｏＴ）、エンジンを計測することができ、エンジンの状況を点検したり、エンジンの効率化を考えた飛行計画を提案したりすることができます。なおエンジンをＩｏＴエンジンにするだけで、エンジンを販売して終わりのビジネスモデルから、エンジンの使用量に応じて利用料を請求するサブスクリプション型にビジネスモデルを変換することも可能です。

　ＩｏＴとＡＩ（機械学習・ディープラーニング）は、製品を売り切っていたビジネスから、ます。お客様とつながり続けられるビジネスモデルは、コロナパンデミックによってその必要性が再認識させられました。不要不急の外出自粛を求められる中、つながりの弱いお客様との接点は自然消滅しました。一方、この苦しい状況を支えてくれているのは、つながりの強いお客様です。つながりの強いお客様を一人でも多く増やしていくために、IoTとAIというテクノロジーが貢献してくれることが明らかになってきました。

○ テクノロジーは関係構築につながる

『鬼速PDCA』の著者である株式会社ZUU代表の冨田和成氏は、従来型の中小企業向けにIoTはライフタイムバリューにどうつながるものか身近な例で説明しています。「たとえば、不動産会社が個人客に住宅を売ったとしましょう。従来であれば、売った段階でビジネスは終了し、また新規顧客に別の住宅を売るという流れになります。これをIoT社会に当てはめてみると、玄関にも、居間にも、キッチンや洗面所にもIoTがあって、利用の具合や電気使用量などがわかる。何時に家を出て何時に帰ってきたとか、週末にキッチンの電気の使用量が多いからホームパーティのようなものをしているのではないかとか、夜、洗面所のドライヤーの使用量が多いから年頃の娘さんがいるのではないか、などなど。こういった生活データがわかってくると、これを基に新たなセールスができます。従来は、住宅を買った時点で終わっていたビジネスが、その後長期にわたってチャンスが生まれます」

この話からも、企業の大小問わずＩｏＴがどうお客様との関係構築に貢献してくれるかを窺い知ることができます。データに基づいてお客様の顔が見える、今まで知ることもできなかったようなことまでも見える商売をしていくことができ、その結果、より良い生活・人生の価値を提供でき、結果としてそのお客様の一生涯、たとえロックダウンのような苦しい期間も含めて、お付き合いしてもらうことが可能になります。

ＩｏＴとＡＩの導入は、初期投資がある程度かかるため躊躇されるかもしれません。また、ご贔屓客が増えたからこうしたテクノロジーを導入するという考えもありますが、テクノロジーを導入するからご贔屓客が増えるという考えもあるかと思います。

なおＩｏＴとＡＩは、今後ますます活用の幅が増えていきます。というのも、昨今話にあがる5Ｇが関係しているからです。２０１９年に5Ｇを搭載した機器が世に出たのが１６０万個だったのに対して、２０２３年には1億３０００万個を超える5Ｇ搭載機器が世に出回るとＣＴＡは予測しています。４Ｇが2時間の映像をダウンロードするのに６分かかったのに対し、5Gならたった3・6秒しかかからないほどの情報量のやりとりが可能になります。4Gに比べておよそ100倍のデータのやりとりを可能にするわけです。データの通信スピードが劇的に変わることで、大量のデータのやりとりが可能になります。それによりIoTから伝送できるデータの量とスピードが向上し、AIにラーニングさせることができるデータも飛躍的に増えることになります。IoTとAIの活用は今後ますます期待されるようになります。

コロナパンデミックに関係なく、大衆に向けた一般的なやりとりよりも、お客様を特定しその人にとって最適なやりとりに、世界はシフトしようとしていました。そしてステイホームの浸透により、世間的には良くても自分にとってぴったりではないものに対して人は見向きもしなくなろうとしています。大量生産と大量消費をつなぐマス広告キャンペーン・マス販促プロモーションは、この流れに逆行しています。自分にとってあまり関係のない文脈にもかかわらず、「消費者」と見なされてキャンペーンやプロモーションを促されたとしても、それに参加していく生活者はどんどん減っていくでしょう。その代わりに、自分のことをよく分かってくれている企業や商品ブランドには、お客様は自分の情報を提供し、その情報を得た企業はさらに喜んでもらえる顧客体験を提供できる良いループをつくっていけるようになります。

データを集めてパーソナライゼーションを実現していくことは決して簡単ではありませんし、費用も決して少なくないものです。しかしそれが「自分のことを分かってくれている」企業や商品ブランドとしてご贔屓客、ファンになってもらえることにつながります。そのために私たちはデータを基にお客様に寄り添っていく姿勢が必要です。オンラインによる接点で得たデータを基にお客様のことを知り、より良い体験を提供し続けることが求められます。先述の通り、DNVBは、オンライン接点を武器にある程度固定化されたアンケートを用意し、その回答に基づいて複数の選択肢から個人になるべく最適な商品をカスタマイズして提供しようとしています。購入後の使い心地などのフィードバックをしてもらうことでさらに商品を改善していきます。彼らのようにアンケート機能を使って得られるデータ（これらはファーストパーティデータよりも能動的に得られる顧客データで、昨今ゼロパーティデータと呼ばれています）を基にパーソナライズに取り組むことも考えられますし、IoTを導入するなら商品利用データを基にパーソナライズに対応していくことも考えられます。

6　パーティシペーションを図る

炎上とデマが増えている中、オンラインで発信することと、受信することの両方において自己防衛できる手段が求められています。オープンな場所であるSNSに対して、クローズドな場所としてオンラインサロンが台頭しています。オンラインサロンとはインターネットでのつながりをメインとした月額会員制コミュニティで、毎月費用が発生する特徴があります。参加料を払わなければそのコミュニティに入ることができません。その点以外にSNSと大きな違いはないと思います。この入場料を設定することで、そのクローズドな場所が炎上リスクを遠ざけ、信憑性の低い情報の流通を防ぎ、平和なスペースとなります。意見の異なる人やアンチと呼ばれる人がお金を毎月払ってまで入ってくることは考えにくいため、主催者だけでなく参加者も安心してやりとりを楽しむことができます。平和な場所であることは、参加者にとって重要な要素です。オープンなSNSでは匿名者による炎上やデマが起こる可能性があるため、自分の考えをどこまで発信してよいか、得た情報をどこまで信じてよいのかという不安が残るからです。

○ 安全な場所でアウトプットに参加したい

一方で自分と興味がある程度近く、お金を払ってまで参加している、顔もある程度分かる相手には、自分の話したいことを安全に話したり、相手の話すこともある程度信用して聞けるようになります。ＤＭＭオンラインサロン調べによると、「自身の興味があることを気軽にアウトプットできる場があれば人に発表したいと思うか」という問いに対して、約７割の人がしたいと回答しているにもかかわらず、２人に１人がその場所がないといいます。この調査は２０１９年に実施されており、当時既に多くのＳＮＳが世に広まっているにもかかわらず、気軽にアウトプットできる場所がないと思われていました。一方オンラインサロン参加者に「自身の興味がある分野で、話したい事柄がある時に、話せる場はあるか」という問いに対しては92・9％の人が「ある」と回答。オンラインサロンがオンライン上における一つの安全な場所であることが伺えます。

オンラインサロンで、いったい何をしたいのかといえば、ある分野で特筆すべき実績のある主催者から直接話が聞けるインプットの側面もありますが、それよりもアウトプットです。先のＤＭＭオンラインサロン調べの通り、約７割の人が興味のあることを気軽にアウトプットする場が欲しいと思っています。ユーチューブが流行りだした2007年頃を契機に生活者は単純にプロが作ったものをそのまま消費するのではなくて、自らが生産側になりたいと思う人が増えています。ユーチューバーはその一つですし、Airbnbの宿主やUberの運転手もその例といえるでしょう。アメリカの評論家であり作家でもあるアルビン・トフラー氏は『第三の波』（中央公論新社、1982年）で、生産者と消費者が一つになったプロシューマーという言葉を提唱しました。生活者はお金を支払って商品やサービスを享受するという選択肢だけでなく、商品やサービスをつくり出すこと、そしてその過程を楽しむという選択肢も持っている、という意味です。

放送作家の小山薫堂氏と一緒に仕事をした時に、「完璧なものを作ることにこだわらなくてよいのではないか」という助言をいただいたことがあります。何から何までお膳立てして、プロが作った完璧なものをお客様がただ受け取るのではなくて、お客様が参加できる余地があるものが良いのではないかと、くまモンを例に教えていただきました。くまモンは使用料フリーで最低限のルールを守れば誰もが商品づくりや宣伝活動に使ってよいため、多くの企業や個人がくまモンを自分たちなりに活用して商品や製作物をつくりました。人々は完成されたくまモンを「消費」したのではなく、くまモンを使って自分たちの手で、新しいくまモンの形を「生産」したわけです。インターネットが広まりSNSが浸透して、人々が簡単に発信ができる世の中になった今、今度は発信だけでなく生産したいというニーズがあるのでしょう。特に日本ではまだまだ年功序列は続いているにもかかわらず、役職の席は減少傾向にあることから、自由に活躍させてもらえる人は一部です。そうした職場での閉塞感を打破する意味でも、年齢や肩書きに関係なくアウトプットして活躍するチャンスがオンラインサロンにはあるといえます。実際にＤＭＭオンラインサロン調べでも、コミュニティ参加者は、非参加者よりも15％多くアウトプットができていると感じています。

お客様に参加してもらって一緒に成長する

フィリップ・コトラー氏は『コトラーのマーケティング４・０』（朝日新聞出版、２０１７年）でCo-Creationの重要性を紹介しました。お客様にこれからは企業と一緒の側に立ってもらい、一緒に創っていく人にするという考えです。今に始まったことではありませんが、特にコロナパンデミックの際には、明らかに企業よりも生活者の方にはやく変化が起こりました。生活者に外出自粛の変化が起こり、オンラインシフトが起こったわけです。これは決してどこかの企業が先んじて仕掛けたことではありません。今回のようにお客様の変化が企業よりも圧倒的に早くなってくると、先回りしようとするのはもうあきらめて、お客様は一緒に創っていくパートナーだと捉えた方が効率的です。お客様の声を拾って商品を創るよりもむしろ、お客様と一緒に商品を創っていく。このような仕組みを取り入れることが、先が見えない環境下でもお客様に支持されるビジネスを継続することができるのではないかと考えます。そのためには一人ひとりのお客様に向き合うだけでなく、そのお客様同士をつなぐコミュニティをつくることが必要です。オンラインサロンのような会員制のサービスやロイヤリティプログラムはコミュニティの一例でしょう。

一人ひとりのお客様が、企業との関係性だけでなく、他のお客様との関係性が生じることにより、より強固な関係をつくることが可能となります。そのコミュニティと対話を重ねることで、自分たちの生活を改善してくれる、人生の価値を高めてくれるものとして、こういうものが欲しいという声を上げてくれるようになります。ひいてはそういうものを創り出す共同作業に参加もしてくれるようになります。

近年注目されているクラウドファンディングもこれと似たものといえます。クラウドファンディングはお金を集める手段ではありますが、プロジェクトオーナーのビジョンに心揺さぶられたお客様が参加費を払いながら、一緒に創っていく共創の仕組みとも考えられます。一緒に創っていくプロセスを経て、創り上げた後に買ってもらう約束をしてもらっているようなものです。複数のファンが集まったコミュニティと共に商品を創っていくことができれば、もう企業は買ってもらえるのかもらえないのか分からないものに大金を賭ける必要はなくなります。何らかの共通の目的に対して参加者が自ら参加料を払って、その活動の一員となり、自分たちが必要なものを一緒に創り上げていく。そのような関係性が構築できれば、必要な人に必要なものを必要なだけ届けることができます。不要なものをたくさん作って在庫を抱えたり、売れ残りを売り切るために値引き販売をしたりしていく必要もなくなります。

自分たちの専門的知識や熱量に心揺さぶられたお客様を、一人ひとり理解しながら接していくことでファンに育て、ファンを一人ずつ増やし、他のファンとつながる機会を築いていく、ひいてはファンが新しいファンを連れてきてくれるというお客様の増やし方です。プログラム参加者の熱量が大きければ、内部にとどまることはありません。じわじわと外部に広がっていって、新しいお客様を呼び込むことにもつながります。お客様に1回使ってもらうための商品を売ってその金額を売上として考えるのではなく、一緒に取り組む何らかのプログラムに参加してもらうための参加費を支払ってもらったものが結果的に売上となる、というお金のいただき方は既に始まっています。それについてはケーススタディで紹介します。

◯ プログラムを長く続けるための環境をつくる

お客様に参加を促すプログラムを始めるといっても、初めから多くの人が参加してくださるわけではありません。ケーススタディで後述するヤッホーブルーイングもスノーピークも最初から大規模なコミュニティイベントを開催したわけではないのです。また人数が多ければ良いというものでもありません。人数が多ければ参加者一人ひとりの参加意識が薄まる懸念がありますので、少人数であっても関心の高い人に参加してもらうことは大切なポイントです。当事者意識のある人たちが集まり、うまく活動が続けば、参加者自身のエピソードが生まれ、そのエピソードを自発的に他の人に伝えて参加者を増やしてくれることが期待できます。

健全なパーティシペーションプログラムを運営していくためには、主体はお客様であり、企業側ではないことを意識すべきだと考えます。企業はあくまでコーディネーター役、サポート役に徹し、お客様が当事者意識を持って、そのプログラムに参加、運営していく形を目指します。お客様は商品やサービスを創り出すこと、その過程を楽しむ機会を求めています。ゲストとして招かれ、いわれた通りにやるだけでは満足してもらえません。ただし、放置していてはプログラムがどうなっていくか分かりませんので、プログラムが期待した正しい方向に向かっているのかを観察することが求められます。目的はお客様との関係性の構築です。参加料の徴収ではありませんし、売上の即アップではありません。お客様との関係性が築かれ、育まれた結果、継続的に参加してくれるようになったり、参加者が増えたりして、結果的に売上が増えるというものです。お客様との関係性構築がしっかりと進んでいるのかを企業は観察します。

プログラムを立ち上げて軌道にのせるまでには、かなりの時間がかかります。お客様との関係構築のために途中であきらめずに継続していくためにも、適切な指標を設定しておくことが必要でしょう。プログラム参加者数十人のために多くのお金を使い、時間が経っても企業の売上の大勢に変化がないことはありえます。その結果売上に対するROIが低いという理由であきらめてしまう可能性も十分に考えられます。しかし、プログラム運営と売上は分けて考えるものです。企業全体の売上ではなく、参加者と企業の関係性を図る指標、例えばプログラムに参加してもらえるようなロイヤリティの高いお客様における、平均プログラム参加回数（コミュニティであれば平均継続年数や離脱率）やLTVを設定することで、関係性が向上しているかを観測できるでしょう。そうした指標を用いながら社内の理解を得て継続することができれば、中長期的にリターンが得られるものです。あまり張り切って大金を投じて実施するより、できる範囲で投資して長く続けていくことに意味があるといえます。

プログラムの運営は、オンラインだけでなく、オフラインの活動を含むことが重要だと考えます。特に巣篭もりの時間が多くなると、アウトドアであること自体に価値が生まれます。インターネットで知り合った人がオフ会をするのと同じように、オフラインでの接点を設けることで、参加者が運営者や他の参加者の肌感、温度感を感じることができます。それがひいては参加者と企業を、参加者同士をつなぎ合わせることにもつながります。オンとオフを組み合わせたプログラムで、お客様にパーティシペーションを図る取り組みを実施していくのです。

7　パフォーマンスを売る

立命館アジア太平洋大学の学長出口治明氏は、コロナパンデミック後もグローバリゼーションは進むと述べています。日本企業にとってみれば、グローバリゼーションが止まってしまうのはぜひとも避けたいところです。なぜなら、日本の人口は2053年には1億人を割り込むと予想されており、長期的に見て日本だけで勝負することは、勝てないことを意味しています。日本企業が長期的な繁栄を得るためには、海外への展開をあきらめるわけにはいきません。

● オンラインによりマーケットは世界に広がる

今回のパンデミックよりはるかに大きな傷跡を残したであろう第二次世界大戦。その戦後に誕生した日本を代表する企業にソニーとホンダがありますが、ソニーの共同創業者である盛田昭夫氏の『MADE IN JAPAN』（朝日新聞社、1990年）やホンダの創業者の本田宗一郎氏の『得手に帆あげて』（三笠書房、2000年）を読むと、彼らが最初から日本だけでなく世界を市場として見ていたことが伝わってきます。この世界を市場として見る姿勢が、ステイホームで加速するオンラインシフトで、ますます必要となります。インターネットは一部の国を除いて国境によるアクセス制限はありません。基本的にオンラインに国境はないのです。そのためオンライン起点のビジネスになるということは、それがイコール、市場が世界に自動的に広がることを意味します。生活者はオンラインを通じて世界中の商品にアクセスすることができます。そのため配送費などの違いはあるとはいえ、自分にとって意味のあるものだと感じられれば、違う国の商品でも購入する動きが加速していくでしょう。人々のオンラインシフトは、自動的に企業のグローバル化を突きつけることとなります。人々が他国の商品を簡単に知る・買うことが可能になっている状況は、企業にとってみればマーケットが急に世界へと広がり、競合はもはや日本だけではなくなることを意味します。

そのような状況下で、日本企業はどう対応していくか。そのヒントとして品質を挙げたいと思います。シンガポールで生活していると、日本製品に対する信頼が非常に高いことが伝わってきます。シンガポールだけでなくASEANの生活者に調査をすれば、日本製と聞くだけで良いモノだという回答が返ってきます。このコロナパンデミックの時ですら、どこの国のものよりも日本でつくられたマスクが欲しいという声もありました。日本製であれば性能面で問題ないはずだと認識されているのです。シリコンバレーで急成長しているあるスタートアップも、日本にはクラフトマンシップ（職人技術）が息づいており、高い品質を備えているという話をします。ミシュラン3つ星で有名なお店で使われているカトラリーセットは新潟の技術で生まれていると聞きます。こうしたハードの品質は、今なお日本が世界と戦える、もしくは他の国ではなかなか実現できない日本の強みでしょう。

一方世界は、ハードよりもソフトに目を向けています。インターネットブラウザのネットスケープの共同設立者で、現在はベンチャーキャピタルのマーク・アンドリーセン氏は、「ソフトウェアは世界を飲み込む」と発言しています。シリコンバレーの投資家と会話をしても「ハードを扱うスタートアップにはなかなか投資はしない、基本的にはソフトを手掛けているところに投資する」といいます。それでは日本も同様にソフトに傾いていくべきなのかというと、シンガポールからアメリカと中国を見ていると、日本企業はソフトで勝負をすべきか疑問に感じます。アメリカには日本とは比べ物にならないくらいの莫大な資金を初期段階の企業に投資できる環境が整っていて、勝者総取りのソフトウェアの世界をお金の力で一気に独占していく力があります。手掛けられたソフトはオンラインネットワークを通じて一夜にして地球全体に広がります。そして翌日には中国でその商標が登録されています。さらにチャイナスピードで、そのソフトを中国市場にあったものに適応させて早々にローンチしてしまいます。このような動きが日本の両側で起こっているわけです。そんな状況で参戦しても、資金が限られていて、かつ合意志向のために意思決定や法整備に時間がかかる日本では、なかなか勝ち目がないのではないかと感じます。

一方、ハードは勝者総取りの市場でも、一夜にして国境を越えて簡単にコピーされるものでもありません。そのため日本には品質にチャンスがあると考えます。もちろん無駄に品質を高めるのではありません。冷蔵庫はただ冷やせればよいと思っている生活者に高品質な機能は不要です。しかし、各分野の先端の人の中には品質を求める人はいます。また世界はただ安いからではなく、自分が良いと思ったものを買いたいと思う中流階級が増えているので、品質の高いハードは日本が世界をリードできる可能性があるのではないかと考えます。世界中がオンラインシフトに伴い、デジタル化を進めていますが、デジタル化できないものは今後も存在するでしょう。それによりデジタル化できないものの価値が向上するはずです。日本のクラフトマンシップは、そのデジタル化できない部分をカバーできるのではないかと思います。

グレートプロダクトのパフォーマンスを買ってもらう

本田宗一郎氏は著書『俺の考え』（実業之日本社、1992年）で、「世界市場においては、製品というものは正直なものだ。製品にはメーカーの思想が、そのまま表現されている。誇大な宣伝も、言いわけめいたPRも、なんの助けにもならぬ。なぜなら言葉や文章には嘘があっても、製品は絶対に嘘をいわないし言い訳もしないからである。メーカーにとって製品一つが、そのメーカーのすべてなのである」と述べています。素晴らしい製品でなければ世界で勝てないというわけです。

昨今の日本では、これまで消費者不在のモノ思考でモノづくりに重きが置かれてきたプロダクトアウトに対する反動からか、企業はプロダクトにこだわるのではなく、マーケティングでお客様に価値を提供（ドラッカーのいうマーケティングイノベーション）していく風潮があります。例えばネスレのキットカットの受験応援キャンペーンやネスカフェアンバサダーなどは、その好例といえるでしょう。ただしキットカットもネスレのコーヒーマシンも商品が良いという前提があります。だからこそマーケティングに専念しても、お客様を増やしていくことができるわけです。ビヨンドプロダクト、つまり商品に手を加えることなくマーケティングを進めていけるわけです。

一方でマーケティングがどれだけ素晴らしくても、価値のない商品なら効果はありません。一度手にしてもらっても、お客様は損をしたと思ってしまうだけです。つまりビヨンドプロダクトよりもまずグレートプロダクトが必要です。既に素晴らしい商品があるのなら、マーケティングに専念していけるでしょう。ただしそのようなグレートプロダクトがない場合は、まず素晴らしい商品を創り出さなければなりません。ただし顧客思考が前提のプロダクトです。

グレートプロダクトは商品の品質が高いことはもちろんのこと、この品質でこんなに安いの？　という驚きがあるものです。よくテレビＣＭで見かける商品やサービスにはそのコストが商品に載せられていることは周知の事実です。広告費・販促費・流通対策費を必要以上に使用した分をお客様に負担させて、結果的に値段が高い商品は、グレートプロダクトとはいえません。無駄なセールス・マーケティング費は抑え、その分を高品質の商品開発に回すことで、購入したお客様の満足度（費用対効果・コスパ）を高めることができます。また自分が購入したものが後で値引きされて別の人に販売されたとなると、そのお客様にとっては素晴らしい商品ではなくなってしまいます。値引きもセールス・マーケティング費の一つです。そうした費用をとにかく減らして、顧客思考で素晴らしい商品開発に注力することです。商品の売場がリアル店舗からオンラインへ移行すると、原価構造が自然と変化します。これまでの場所代や人件費、ひいては流通への仲介料などが少なくなっていき、原価率は改善します。しかしこれはどの企業にとっても同じ状況です。そうした時に費用をなるべく抑えてその分を商品開発に注力することで、お客様に自分が支払うお金の価値以上のものを感じてもらいやすくなります。オンラインが主戦場になればなるほど、生活者は世界中のさまざまな商品に簡単にアクセスできるため、その中から選ばれるためには商品力が問われてきます。あまり大したことのない商品をたくさん販売するくらいなら、数は少ないけれど社内の全リソースが注力された高品質の商品を生み出していく必要があります。

本当に必要な意味のあるグレートプロダクトを開発していくうえで、商品のサービス化という視点を取り入れたいと思います。ヘルスケア商品で有名なフィリップスは、アメリカの駐車場の電灯の入札において、電灯そのものを売るのではなく10年間明るいことの保証を売り、その案件を受注しました。同じく世界最大の航空エンジンメーカーのＧＥが航空機のエンジンそのものを売るのではなく、使用状況に応じて課金しつつ、エンジン交換などの対応をする保守管理サービスを売っています。この2社は結果的に電灯や航空機エンジンを売ったことになりますが、商品を販売したことよりも、商品を使ってもらうことに重きが置かれていることが分かります。さらに電灯もエンジンもＩｏＴですので、データの転送によりお客様の利用状況に関するフィードバックを得ることができ、商品の改良や新商品の開発にも生かすことができるようになります。継続的に顧客満足度の向上を図ることが可能です。

　このような販売形態の変化はまさにデジタルテクノロジーのおかげです。ＩｏＴによってモノの状態を把握でき、お客様の利用状況をより良くするという価値を提供することができるようになっています。これからはプロダクトを販売するよりも、プロダクトによってもたらされるパフォーマンスをお客様に販売する発想が必要です。お客様が商品を購入した後にどういう体験ができるかに焦点を当てるのです。素晴らしいハードのプロダクトを開発して、売る時はプロダクトによってもたらされるパフォーマンスを売るわけです。

⭘ サブスクリプションでパフォーマンスを提供する

プロダクトではなくパフォーマンスを売ることによって、ある一定期間自分たちの商品をお客様に使ってもらい、その期間はパフォーマンスをしっかりと提供することになります。このビジネスモデルは、外出自粛中に注目されているサブスクリプションモデルです。サブスクリプションとは、あるパフォーマンスを商品にし、利用期間に応じて毎月一定の金額をいただくものです。これまで私たちはプロダクトを創ると、客数×単価×購入回数という数式で売上を考え、客数の増加を目指して新規顧客開拓に目を向けがちでした。ユーザーではない人にアプローチしたいから、リーチが効率的にできるテレビＣＭを打つという発想になります。

一方でサブスクリプションの売上算出のための数式は、会員数×月額利用料×利用期間です。先の客数というのは1回買っていただくのでよいのですが、サブスクリプションは会員になってもらって毎月固定の金額を一定期間支払ってもらうことになりますから、1回買っていただくお客様のように簡単に会員を獲得できるものではありません。その分会員の利用期間を長くすることが相対的に容易に感じられます。商品の利用期間を長くするとは、お客様のライフタイムバリューを上げることと同じです。

サブスクリプションの売上は、例えば1万円の商品を10か月にわたって使用していただく場合、1か月あたり1000円ずついただく換算になります。そのため販売時の売上は小さく見えますが、一方でコロナパンデミックのような事態でも急に毎月の支払いがなくなりにくいものです。そのため今後また起こるかもしれない似たような危機に備えて安定的な収入源を確保するうえでも有効といえるでしょう。プロダクトを都度販売していたのでは危機の際に売上がゼロになってしまう可能性がありますが、パフォーマンスを販売していれば、危機の際も一定額の売上を確保できます。1回売って終わりの売り方は昔でいえば狩猟型民族、サブスクリプションによる既存顧客のLTV向上の売り方は農耕型民族と呼べるでしょう。歴史的に農耕型民族の方が強い組織を構築しており、人類の危機を乗り越えています。ビジネスでも同じことがいえるのではないでしょうか。

パフォーマンスを売ることとは、その商品を利用していただくお客様の満足、ひいてはそのお客様の生活の向上、B to Bならお客様の業務の向上、つまりカスタマーサクセスを考えることです。カスタマーサクセスはお客様から問い合わせがあった時だけに対応するカスタマーサポートではありません。一度商品を売り切ったら終わりではなく、こちらからお客様とコミュニケーションをとり、お客様との長期的な関係を前提とした、商品の使い心地や満足度に意識を向けることです。

ＩｏＴへの投資が可能な場合は、プロダクトによるパフォーマンスを提供するのではなく、プロダクトをプラットフォームへと昇華させ、それによるパフォーマンスを提供するという発想が重要です。ウォークマンを使っていた私が、ＭＰ3プレイヤーを使うようになり、やがてiPodを使うようになったのですが、当初iPodはウォークマンやＭＰ3プレイヤーと同じ、音楽を自分で機器に記録して聴くプロダクトとしてしか考えていませんでした。しかしiPodはiTunesを通じて音楽を記録するわけで、このiPodと一心同体のiTunesは音楽に関する一連の行動を楽しむことができるプラットフォームであり、これを通じて自分が好きな曲を探して1曲単位で安価に購入して自分のiPodに記録することができたわけです。音楽を探す、買う、楽しむという行為全てがこのiPod（と一心同体のiTunes）で叶えられることになりました。もちろんiPod自体もプロダクトとしてとても格好いいものです。ただしプロダクトで止まるのではなく、サービスプラットフォームへと拡張させ、それによりパフォーマンスを提供していることに気づきました。そのため資金力のある企業はこれからのグレートプロダクト開発は、あらかじめプラットフォームへの拡張を意識しながら開発し、パフォーマンスとして売ることになっていくと考えます。

本田宗一郎氏は先の著書『俺の考え』で「世界の市場へ出てゆくものは、単なる製品といった〝物〟ではない。それ以前にある思想だ。その企業の頭脳だ」とも述べています。プロダクトをサービスプラットフォームへと拡張させ、パフォーマンスとして売るためには、まさに思想が、頭脳が求められます。

テクノロジーをお客様とプロフェッショナルの懸け橋にする

プロダクトをサービスプラットフォームへと昇華させ、そのパフォーマンスをお客様に販売していくことの可能性を紹介しましたが、そのために私たちはこれからモノとサービスの垣根を越えた考え方、行動が求められます。日本が得意とするクラフトマンシップを生かし、サービスを融合したモノの開発が期待されます。

2019年にCESに参加したP&Gは、CESをConsumer Experience Showと呼び名を変えて、自分たちがこの見本市に参加する理由付けを明確にしています。洗剤やおむつのような日用品にテクノロジーを活用することで、お客様とつながり、これまでにない体験を提供することに取り組み始めています。2020年のCESには寝具メーカーの西川も参加していましたが、寝具もテクノロジーをプラスすることで、同じくお客様とつながり、顧客の体験をより豊かなものにしようと取り組んでいます。西川は、睡眠科学に基づいて開発したマットレスに、睡眠データを計測するセンサーを搭載することでお客様の睡眠中のデータを収集・分析し、そのデータを基にアマゾンのアレクサと連携するなどして、寝室のエアコンや音響、照明などをリアルタイムで調整して快適な睡眠を提供するサービスを紹介しました。既存商品にテクノロジーを足すことで、販売して終わりの関係から脱却しようとしています。先のフィリップスの電灯やＧＥの航空機エンジンも同じです。

ここでいうテクノロジーは、まさにこれまで紹介したＩｏＴになります。既存商品にオンラインの機能を足すことで、商品の販売後、商品を使用するお客様のデータを取得し、それをインターネットを介して企業側が受け取って分析し、分析結果に基づいてまたお客様に最適なアクションを行う、ということをやっています。商品を販売して終わりではなく、実際に使用されているところにも関与し、さらに使用後にも影響を及ぼそうと試みているわけです。この商品販売後の一連の活動はもはや商品という枠を超えて、サービスといえます。寝具の製造業が、お客様がどのような睡眠を取っているのかを確認し、専門的知識をもってして必要に応じて改善策を提示したり、悩み事に先回りして助言したりしています。まるで製造業がサービス業をやっているようなものです。

このように製造業とサービス業、商品とサービス、モノとコトといった垣根がなくなろうとする兆しはコロナパンデミック以前より見られていました。商品の製造販売のみに留まらず、保有する専門的知識をオンラインに投稿することに使うだけでなく、それらをサービス開発にも生かすことで、事業の可能性を広げることができます。商品を購入したお客様は、単に商品を消費して終わりではなく、商品と共に有意義な時間を過ごし、商品に対して意味のあるつながりを感じてくれるようになります。

「パーパス」で存在意義を見直すことで、誰の何の役に立っているのかが把握できれば、サービス開発につなげることができます。例えば寝具なら「寝具を介して眠りに悩む世界中の人の役に立っている」というように存在意義を整理できるかと思います。これまで快眠を目指した商品づくりをしてきているわけなので、快眠はどのように得ることができるか、どのような現象が良い眠りを妨げるかなど、さまざまな実験から企業は知見を有しています。その専門的知識を活用して、例えば眠りのコンシェルジュサービスを開発し、商品と一緒に販売することができます。このサービス代を商品代に含んで快眠というパフォーマンスを毎月定額で販売してもよいでしょうし、商品代とは別にオプション販売し希望するお客様だけに提供することも考えられます。フィリップスやGEのようなB to Bも同じ考え方が適用できます。例えば作業服メーカーなら、工場で着用する衣服を提供しているのではなく、生産性向上を提供していると考えられます。作業員の工場内での危険な動きや無駄な動きを作業服を通してデータを取得し、生産性向上のためのコンサルティングサービスを毎月定額で提供することも考えられます。

ＩｏＴだけがモノとサービスの垣根を越える手段ではありません。ＩｏＴに初期投資をせずにお客様に商品販売と共にサービスを提供する方法としては、コロナパンデミックの外出自粛で広がりを見せたオンライン飲み会がヒントになります。お客様が商品を利用する際にZoomなどのオンラインミーティングツールでつながり、専門的知識を活用した何らかのサービスを提供してパフォーマンスを約束することが考えられます。例えばお肉屋さんがステーキ肉の失敗しない焼き方を、お肉を購入したお客様に対して、決まった時間にストリーミングで有料で教えるという具合です。外出自粛により室内運動器具に注目が集まりましたが、室内運動器具を購入したお客様に対して、決まった時間にZoomで行うオンラインレッスンコーチングを定期的に販売提供することも考えられます。こうした取り組みならばＩｏＴの初期投資予算が確保できない企業でもすぐに取り組むことができるはずです。

セールスフォースのＣＥＯマーク・ベニオフ氏は、「テクノロジーは、さまざまなものをコネクトするものだ」と述べています。彼は「テクノロジーのおかげで自分の自動車と友達のような感覚を持っている」といいます。そしてディーラーとも近くなり、他のドライバーとも近くなってきているというのです。テクノロジーが発展すればするほど、色々なものがコネクトされていくのだろうと述べています。

テクノロジーは何と何をコネクトするのかをより特定して説明したのが、フィリップスです。CES2020に登壇したフィリップスのパーソナルヘルス部門のロイ・ジェイコブス氏は、テクノロジーとはコンシューマーとプロフェッショナルにブリッジ（橋）をかけるものだといいます。

ヘルスケアデータは広告メディアの在り方を変えてしまう可能性があることは既に紹介しましたが、このヘルステック分野で頭一つ抜けた取り組みをしているのが、このフィリップスです。CESだけでなく、SXSWや他の大きなテクノロジーの見本市でも存在感を示しています。例えばスリープテックに関していえば、よりよく眠れるためのヘッドバンドやいびき防止のデバイスもCES2020に展示しています。お客様がよりよく眠れるようになったり、いびきを防ぐことができるようになったり、より良い歯磨きができるようになったりするために、彼らはデータの収集と利用を進めます。その時にポイントとなるキーワードがコーチングです。

お客様の睡眠やいびき、ブラッシングなどに関する大量のデータを収集し、それらを分析することでコンシューマーベネフィットにつなげるという説明の中で、ロイ・ジェイコブス氏は「コーチング」という言葉を何度も使っていました。大量のデータはお客様の健康のためであり、データを分析してフィリップスが有するナレッジを踏まえて、健康に関するコーチングを行います。それは決して一般的なコーチングではなく、パーソナライズされたコーチング、例えばあなただからこそどのように眠るべきか、あなただからこそどのように歯を磨くべきかを伝えているというのです。テクノロジーにより、コンシューマーとフィリップス、さらにはドクターまでもつなげて、健康に関するコーチングを顧客に提供しています。

このようにテクノロジーを使ってプロと生活者をつなぐ取り組みは今後ますます加速していくと感じられます。例えばアシックスはチップ入りのランニングシューズをCES2020で展示していました。そのシューズを履いてランニングするとリアルタイムにランニングデータが可視化され、ランニング終了後すぐにどのような走りだったか、どのような改善が考えられるかという、まさにプロによるランニングのコーチングが受けられるサービスです。

テクノロジーをプラスすることで得られる生活者にとっての新しい価値

IoTを通じてにせよ、オンラインミーティングツールを通じてにせよ、テクノロジーによって、企業がこれまで商品開発に使っていたプロとしての専門的知識を、生活者にコーチングするサービスへとレバレッジしていくことができます。これまで何らかのモノを開発してきたプロフェッショナルである企業は、専門的立場でお客様とつながり、サービス提供ができるわけです。それによりカスタマーサクセスを実現することができます。先ほどのお肉屋さんの話でいえば、お客様が奮発して高価なお肉を買っても家で焼いて丸焦げになったら、カスタマーサクセスにはなりません。そこにテクノロジーを介してプロとしてお客様とつながることで、お客様に旨い肉を確実に届けることができ、それが継続的な関係につながります。

コーチングの中でも健康データをベースとしたコーチング、それによる顧客との強い関係性構築は欠かせません。たとえ健康に一見関わりのなさそうな企業や商品であったとしても、顧客の健康生活に役立つことを考える価値はあるでしょう。アマゾンはHaloで早速この分野に手を打ってきているわけです。フィリップスも今でこそヘルスケア・医療関連機器の印象を持ちますが、元々は電球工場が起源です。その後ラジオ受信機、蓄音機、電気通信装置、家電製品などを手掛けていたわけです。最初からヘルスケアに携わっていたわけではありません。

日本のタニタも同様に元々はトースターやライター、体重計を扱っていた企業です。それが赤字をきっかけとして、体重計を事業の中心に据えると決めました。体重計を中心にヘルスケアに関わる商品を手掛ける一方、会員制のベストウェイトセンターをつくり、医師、健康運動指導士、管理栄養士が常駐する肥満対策施設を手掛けました。そして今ではすっかり有名となったタニタ食堂、さらに病院や自治体での食堂運営の受託事業なども請け負っています。体重計を扱っていたとはいえ、そこを中心に据えていなかったところから、健康機器に焦点を絞り、健康機器の製造販売から、健康改善の全体的なソリューションにまで強みを拡張しています。

フィリップスやタニタのように事業ごと健康にシフトするかは別として、プロフェッショナルとして生活者にコーチングを提供する際に、健康改善に少しでもつながるソリューションに近づけることができれば、世界有数の広告代理店であるピュブリシスのいうように、生活者の態度変容や購買行動に影響力を発揮できる企業になることができるでしょう。

テクノロジーを介してプロとしてお客様に接し、モノとサービスの垣根を越えて、お客様にパフォーマンスを提供することは、何も新商品にだけ適用する話ではありません。既存商品においても、価値を再発明してお客様にモノとサービスの垣根を越えた価値ある体験を提供し、パフォーマンスを届けることが可能です。私は、広告を担当する時に「広告とは、商品は何も変わらなくても、生活者にとって新しい価値のある存在にすることができるもの」と定義して取り組むようにしています。近年CESを視察する中で、テクノロジーはまるでその広告と同じものになってきていると感じます。既に存在している自社商品・事業に、テクノロジーを「足す」ことで、既存商品・事業をお客様にとって新しい価値のある存在にすることができる兆しが感じられます。「既存商品＋テクノロジー＝生活者にとって新しい価値のある存在」という方程式です。

商品や事業の拡大のために広告を実施してきたのと同じように、全ての企業がテクノロジーを「実施して」事業成長を実現していくことができるようになったといえます。それをまさに実践している一つの例がP&Gです。家電メーカーでもテックカンパニーでもない彼らがCESに出展してテクノロジーに注力しています。彼らの取り組みから、既存商品をどのようにモノとサービスの垣根を越えてサービスプラットフォームへと拡張させ、パフォーマンスを提供していくことができるかを窺い知ることができます。彼らは

CES2020プレス向けカンファレンスで、6つのブランドの新しい取り組みを紹介していました。会場には、その6つのブランドがそれぞれ展示台に展示されていたのですが、各ブランドの展示台の裏側には〝1ページメモ〟なるものが貼ってありました。箇条書きで5〜8つくらいの紹介内容が簡潔にまとめられているのですが、このメモから彼らがどのような思考回路で既存商品にテクノロジーを足しモノとサービスの垣根を越えて、お客様にパフォーマンスを提供する取り組みを進めているのかが分かります。

パンパースのメモはこのように記載がされていました。

赤ちゃんをケアする体験を再発明すると設定
①そのためには世界初のオールインワンの赤ちゃんケアシステムを作り出す
②具体的にはセンサーと共にビデオモニターを取り入れて、リアルタイムかつ全方位的に赤ちゃんの眠りや授乳、おむつ着用のパターンを把握できるようにする
③毎日24時間データを得られるので、自分の赤ちゃんにとって最適な対応方法を検討できる
④その結果これまで勘に頼った対処しかできなかったものがデータを踏まえることで、⑤赤ちゃんのニーズを予想できるようになり家族のリズムをつくり上げること

ができる

これらのメモを通して、次の①~⑤のステップで彼らが検討してきたことが窺い知れます。①どんな体験を再発明したいのか、②そのためにどういう戦略で他社と差別化して、③具体的な戦術を実行し、④その結果から顧客が得られるベネフィットは何で、⑤最終的にどうブランド体験を再発明できるのか。ここで注目したいのは、ブランド体験をどう再発明するのかという全体視点で整理することで、取り組む価値を社内外の関係者に伝えやすくなり、実施の承認が得られやすくなるのではないかという点です。この思考回路を参考にしながら、スピード感を持って既存商品を再発明することができるはずです。

column

アマゾン、グーグル、フェイスブックが我々にもたらした武器

2016年頃からアンバンドリング（unbundling）という単語を耳にするようになりました。アメリカで誕生している小さなスタートアップたちが、大企業が作らないようなユニークな商品を開発し、複数のブランドを社内に抱えるコングロマリット企業のそれぞれのブランドに切り込んでいるというのです。狙われている大企業は、P&Gやユニリーバ、ネスレ、LVMH（ルイヴィトン・モエヘネシー）などです。

大量生産・マス広告・大量消費の20世紀と21世紀の最初の10年ほどは、規模の経済がものをいう時代でした。大きい企業であればあるほど強かったのです。それが近年のテクノロジーの進化で変わるかもしれません。その原動力が10年前頃に浸透してきたスマホであり、ユーチューブやフェイスブックのSNSであり、アマゾンのECです。さらにディープラーニングという次の技術革新ともいえるものが追加され、この流れを後押ししていま

す。

スマホ、SNS、ECが、規模の小さいスタートアップに、顧客と直接つながる機会を提供しました。シリコンバレーや深圳、イスラエルで昨今生まれてくるスタートアップたちはこれらの3つの武器に加えてAI（ディープラーニングを含む）を駆使しているケースがほとんどです。顧客と直接つながる機会を得た企業は、顧客のニーズをもとに商品を作り、顧客に商品を直接使ってもらい、改善点を教えてもらって修正を加え、もっと買ってもらえる商品へと仕上げていきます。そしてその商品をそれほど費用もかけずにSNSを使って知らせていくのです。

さらに顧客と直接つながり続けられるサブスクリプション型のECモデル（後にD2Cと呼ばれる形態）を採用します。多くの人に同じものを提供する大企業とは異なり、顧客と直接つながることで得られるデータを活用して、お客様が欲しいものをその人のためにカスタマイズしています。こうした企業がスキンケアやヘアケア、洗剤、歯磨き粉、日焼け止め、ペットフード、シューズ、旅行カバンなどさまざまなジャンルで商品を展開し、伝統的なコングロマリット企業の個別ブランドに取って代わろうとしているのです。

例えばP&Gが買収したジレットは、その後ユニリーバに買収されるDollar Shave Clubに攻撃を受けていましたし、パンパースも同様のスタートアップにその牙城を崩されようとしていました。その他の大企業も他人事ではありません。規模を追わないこうしたテクノロジースタートアップたちは、ニッチなマーケットでも確実にお客様に最適な商品を提供することで、大企業とやりあえているのです。20世紀を通じて築いてきた何万個も商品を生産できる製造ライン、テレビCMによる認知、強固な大手流通との関係性。このようなものがなくとも、大企業と戦える時代がやってきています。そしてコロナパンデミックを契機に始まった巣籠り生活がそれを促進させています。

自分にとって意味のある商品を手にしたい、意味ある情報に出会いたい、外出することなく購入したい。こうした意識の変化は、オフラインの資産のない企業にとっては有利です。オフラインの資産を持つ企業は、それが大きければ大きいほどジレンマに陥ります。大企業が本気で取り組めないうちに、小さくてもスピードの速い企業なら勝つチャンスがあります。

アメリカで起こることは10年後に大体日本で起こるものだといわれています。オンラインシフトが加速している今、10年待たずとももう起こり始めているといっても過言ではありません。スマホ、SNS、ECの普及、そして人々のオンラインシフトが、誰にでも戦える環境を用意してくれています。

第3章

「売り方」のオンラインシフトの実践方法とケーススタディ

「売り方」のオンラインシフトの実践方法

ここまでニューノーマル時代を迎える人々の変化を受け、デジタルテクノロジーも活用しながら、「売り方」のオンラインシフトを進めていく方法を考えてきました。ここからはマーケティングの7Pを具体的に進めていく手立てを紹介していきます。

７Ｐの具体的な進め方

１　パーパスを見つめ直す具体策

まず事業主・商品オーナーがどうしたいかという意思から全てが始まります。この後紹介するケーススタディにおいても、自らがどうしたいかを見つめ直すところからスタートしています。そして手掛けようとしていることが「誰」の「何」の役に立つのかで整理します。誰といっても、子ども、高齢者、ビジネスパーソン、学生、日本で生活している人、中国で生活している人、こんな悩みを抱えている人、こんなことが好きな人など、たくさんの選択肢が考えられます。その「誰」によって「何」の形も変わってくるでしょう。例えば「何」が英語教材だとしても、「誰」が子どもとビジネスパーソンでは形が異なります。

この「誰」×「何」の複数の組み合わせから、人々に必要とされているか、自分たちが他の誰よりも上手に提供できるかという2点を踏まえて選択することができます。そもそも誰かの役に立たなければ、どれだけ自分がやりたいと思ってもビジネスになりませんので、やりたいことが誰かに必要とされていなければなりません。しかもそれが短期的ではなく、できればパーパスを全うするまで求められるものの方が良いです。そのため、長期的需要があるのかを押さえる必要があります。

次に「誰」かが欲しくて自らも手掛けたいものの、他の会社があなたよりも上手に提供できるならあなたがやる必要性はないので、他社よりも自社がやる必然性が求められます。仮に今は自分たちが最も上手に提供できても、他社も成長するので、他社が入ってこられない参入障壁があるのかを押さえる必要があります。自分たちがどうしたいのか、長期的需要があるのか、参入障壁が確保できそうかという点が存在意義を見出す視点だと整理できます。

これは私がリクルートで教わったWill-Must-Canのフレームワークと同じだと感じます。Willは自分がどうしたいかの意思、Mustは自らに求められている役割、Canは自分が得意なことです。その3つの重なるところが、自らが取り組む仕事だと教えられました。存在意義を考える際も自分たちがどうしたいのかはそのままWill、長期的需要はMust、参入障壁がCanだと整理できます。この3つの重なるところが存在意義になります。3つのうちWillから考えた方がよさそうに思いますが、ガイ・カワサキ氏はスタートアップの起業において、たとえ最初は興味がなくても事業がうまくいけば人はその事業を好きになるものだともいいます。

また企業の担当者であれば、既に先輩が生み出した商品を担当している場合もあるので、今から自分の意思で始めるのも難しいものです。Willを考える場合、たとえその商品の産みの親でなかったとしても、なぜ自分はこの仕事をしているのかを自らに投げかけてみましょう。歴史のある事業・商品ならば社史を紐解いてみると、歴史の中で何らかの意思決定のタイミングがあったはずで、そのような時に貫かれた考え方、ブレない思想、モチベーションの源泉が、その事業・商品のWillにあたると考えられます。

長期的需要は、この商品がこの世からなくなったらどうなるか、どんな人が困るのか、もしくはこれから誕生する商品ならば、どんな影響を与えることになるのかを考えます。事業や商品は基本的にペインを減らすか（何かを楽にするもの）、ゲインを増やすか（何かを楽しくするもの）のどちらかに該当するので、そのペインやゲインが一時的なものではなく今後も続くのかという視点で捉えることで長期的なニーズを確認できます。

参入障壁はまさに競合を意識することです。アメリカの投資家であるウォーレン・バフェット氏は「自分の好きなことをとびきり上手にやること」が大切だと説きますが、この発言内容にも競合に対する目線が入っています。ここで重要視されているのは他者と差別化することにそれほど重きを置くのではなく、他者よりもうまくできるか、そしてそれを継続していけるかという点です。例えばアメリカでは既にヤフーがいる中、グーグルが検索分野で後発で手掛けたにもかかわらず勝利を収めることができたこと、多くのＳＮＳが既に存在している中でフェイスブックが勝利を収めることができたことを見ても、競合他社を意識した差別化にとらわれる必要はありません。同じことでも上手にできればよいのです。この後紹介するケーススタディにしても、どう手掛けるのかという点で他社が簡単に真似できない工夫がされています。

なお『ビジョナリーカンパニー2』（日経ＢＰ、２００1年）においても同じような考え方が紹介されています。針鼠の概念として、偉大な企業が従うコンセプトは「情熱をもって取り組めるもの」「経済的原動力になるもの」「自社が世界一になれるもの」の3つの円の重なるところといわれています。情熱をもって取り組めるものはWillであり、経済的原動力になるものはMustであり、自社が世界一になれるものはCanであるといえます。ここでも競合を意識した視点は自社がオンリーワンになれるものではなく、自社がナンバーワンになれるものというものです。他の誰よりもとびきり上手であればよいのです。

2　ポストする具体策

ツイッター、フェイスブック、インスタグラム、ライン（ＬＩＮＥ）、ユーチューブ、リンクトイン（LinkedIn）など気が付けば多くのＳＮＳが誕生しています。アカウントを作るのは無料ですし、そのアカウント内でコンテンツを投稿することも無料です（一部例外はあります）。またｎｏｔｅも含めたブログも同様です。ＳＮＳやブログに投稿されたコンテンツはグーグルの検索アルゴリズムにもヒットするようになっています。コンテンツさえ用意してしまえば、無料で掲載できる場所があり、検索という新しい商品棚のスペースを増やしていくことができます。そしてプラットフォーマーのアルゴリズムが最適な人をそのコンテンツに引き寄せてくれます。

投稿する内容は専門的情報か熱量のどちらかです。意味のあるつながりを求める人々に、不要な外出が減少して浮いた時間を少しでもミーニングフルにできる専門的情報を届けるか、人との接触が減少する中でも、自らが帰属できる場所、存在している希望につながる熱量を届けます。

グーグルがユーチューブの動画戦略としてかなり前にＨＨＨ戦略というものを提唱しています。Help、Hub、Heroの頭文字をとった名称で、Helpは何かの疑問や悩みに応えるための役に立つ動画、Hubは何度も継続して視聴してもらうための動画、Heroは思わず誰かにシェアしたくなるような動画です。私のいう専門的知識はHelpに、熱量はHeroに該当します。それを継続して投稿していくこと（Hub）を述べています。そのため、彼らの概念で整理し直すと、Help×HubとHero×Hubの2種類のコンテンツを作成し、このどちらか、できれば両方を投稿していくことになります。コンテンツはテキスト、音声、画像、動画の組み合わせで作られます。投稿の頻度は高ければ高いほど良いと考えます。ユーチューブは週2回を切るコンテンツ投稿だと視聴者の数はだんだん減っていくデータがあるようです。投稿頻度の高い例としてはD2Cブランドとして成長しているCOHINAが、1年のうち365個以上のインスタライブのコンテンツ投稿（配信）をしています。

投稿する際に気を付けたいのは、フロー情報、ストック情報、リアルタイム情報を意識することです。ツイッターやフェイスブックはフロー情報です。一方ユーチューブはストック情報で、インスタグラムのストーリーズはリアルタイム情報です。同じSNSでもこれらは異なります。一度興味を持った対象のことを深く知りたい場合、ストック情報型のユーチューブはお客様と商品との関係構築がしやすくなります。ユーチューブは過去にアップされた動画を探しやすい一方で、ツイッターに投稿された過去のツイートを探すことは難しいものです。インスタグラムも過去の投稿内容を見つけづらい仕様になっていますが、ストーリーズはタイムリーでインタラクティブなやりとりが中心となりますので、その時にしか得られない特別な情報を求めて人が集まります。

情報をフローとして届けるか、ストックしておくべきか、リアルタイムで届けるかを考えることで、必要な人に必要な情報が届く設計にできます。専門的情報と熱量を、テキスト・音声・画像・動画の組み合わせで、フロー情報、ストック情報、リアルタイム情報として、継続して投稿することで、お客様との出会う機会を増やしていきます。BtoBにおいては、既に紹介している通り、専門的知識をストック型のSNSに投稿しながら、リアルタイム型のウェビナーを開催することで、見込み客の発掘が可能となります。興味を持った方は確実に検索をしてくるので、その時にその顧客との商談チャンスを逃さないように次のページをデコる取り組みが欠かせません。

昨今インフルエンサーを起用した広告活動が盛んになっていますが、今後外部のインフルエンサーを起用するのであれば、先に紹介したワークマンのようにインフルエンサーを身内化したり、またはお客様にパーティシペーションしてもらいファン&アンバサダーになってもらったりすることで、一緒に商品開発するところから巻き込み、まるで社員と同じように情熱を持って情報を届けてもらうことを目指したいと考えます。インフルエンサーもここまで多くなってくると、絶対に自分の信じる商品しか紹介しないという情熱を持ったKOL（キーオピニオンリーダー）だけとは限りません。そのため、お金のために企業案件を受けるインフルエンサーも増えていくことは否めません。これからのインフルエンサーマーケティングは身内化することによって、自分事として情熱を届けてもらう必要があります。

さらにこれからはＤ２ＣではなくＰ２Ｃだという話も出てきています。Ｐ２Ｃとは Person to Consumer の意味です。インフルエンサー自身がブランドを創り、販売まで手掛けます。Ｄ２Ｃの成功例の一つといわれるボタニストを手掛けるI-neは、タレントと一緒に商品を開発しています。それはI-neの商品でもありますし、そのタレントの商品でもあります。ワークマンが手掛けているインフルエンサーと一緒に商品を創ること自体もワークマンの商品でもあり、そのインフルエンサーの商品ともいえます。こういう形を取り入れていけば、インフルエンサーのみならずお客様が自分事としてポストしてくれることになり、ポストを増やしていくことができます。

ポストする動画の出演者は、昨今では社員を起用して表に出すのは企業として難しい場合があります。また予算的に外部のインフルエンサーを起用したりすることも難しければ、バーチャルのインフルエンサーを作り出す手法もあるでしょう。ＫＦＣはバーチャルのインフルエンサー、イケメンカーネルサンダースを起用しています。このような例も踏まえれば出演者について柔軟に検討できることが分かります。

3　ページをデコる具体策

専門的情報もしくは熱量で引き寄せられたお客様がそのままオンラインで購入できるようにするためには、「ページをデコる」で紹介した3つ「お客様が思わず買ってしまいたくなるデコレーション」「ページにおける購入フローの簡易化」「スマホの最適化」がポイントになります。

ケーススタディでは、たくさんの画像を動画と共に届けることで、お客様が実際に購入した後の着回しをイメージしてもらうようにしていたり、価格がネックで購入をためらうお客様に対して動画や商品説明で価格設定の理由をしっかりと説明する工夫がされていたりします。こうした点は思わず買ってしまいたくなるデコレーションの一つです。

さらに、実際にお客様が購入ページを閲覧しているところをイメージして、購入フローを簡易化させる分かりやすいナビゲーションのページ構成に取り組むことです。これらは購入ページのデザインに関わる内容で、その好事例は既にインターネット上に多く存在します。例えばECプレイヤーのアマゾンはどんなページ構成にしているのか、もしくはナイキのような先進的な企業はどういうデザインにしているのかを実際に見ながら、考え方を自社に適用することで、購入ページの改善ができます。どんなナビゲーションがあったらよいか、どんなカテゴライズなら商品をもっと見たくなるか、どんなインターフェースだと心地よく感じるかを見よう見まねで取り組んでいくことが近道になります。

大事なことは、この2つをスマホで実現させることです。そのため好事例のリサーチは仕事で使うパソコンではなく、スマホで行います。せっかくリモートワーク時代なのですから、デスクの上のパソコンに向かって研究するのではなく、生活者が実際にするように家のソファに寝そべりながらスマホを触って研究する方がよいでしょう。それは決してサボっているのではなく、むしろ生活者と同じ視点で研究していることになります。

たとえオンラインシフトしても、いかに買い物を楽しい体験にするかが問われます。買い物は一種のレジャーだと捉えてそれを提供しようとするサービス精神です。海外のECサイトではショップゲームと呼ばれる取り組みも始まっています。何かを買ったら、もしくは買う前にルーレットを回して赤が出たら良いことがあるという、実店舗で何かの商品を購入した後に抽選券をもらってガラポン抽選器を回して赤い玉が出たら何かがもらえるようなものです。

こうした取り組みはオンラインの方がより簡単に取り組みやすいです。他にもライブストリーミングは買い物を楽しくする体験かもしれません。例えばタレント契約しているなら、その人に特別な時間だけ出てもらいます。もしくはオークション方式の販売やクイズをやりながら販売するといったことも考えられます。ケーススタディでも触れますが、何かの体験を一緒に共有して、そのお土産として商品を購入したくなるような仕掛けもチャレンジ領域として考えられます。EC2・0のプレイヤーたち（詳細は読者特典を参照ください）が取り組んでいるライブコマース、チャット、ゲーミングなどのように、何かの体験を一緒に共有して、お客様の熱が続いたままオンライン購入してもらえることにつなげます。

BtoBにおいては、サイト上で商品デモや360度で商品を見られる機能をつけることで、商品をしっかりと見てもらう取り組みが必要でしょう。チャットボットで相談対応可能にしたり、サンプルのリクエストにすぐに応えられたりする機能も有効です。

その他、商品の受け取り方法も多種多様に検討できます。お客様にとってはECで購入して配送してもらうか、リアルの店舗で受け取るかを選択できる方がよい場合がありま す。こうした選択肢を提示することで、よりお客様にとって便利な買い物を提供することができます。最後に、一番良くないのは在庫がない状態です。この状態は単に売上が得られないだけでなく、お客様の信用も下がる可能性があります。ページデコには商品をしっかり揃えることも含まれています。

4　ピュアに行動する具体策

データ時代にお客様からデータをいただける企業になるためには、信用が貯まる行動をしていかなければなりません。既に社内でＣＲＭを築いていて一定量のお客様のデータがあるのであれば、まずそのデータの取り扱いが適切にされているかを見直しましょう。データの外部流出、未承諾での外部提供がないことはもちろんのこと、いただいたデータによる意味のないトラッキング・レコメンドは今すぐやめるべきです。

次に商品や広告物を含め発信するものに嘘がないことです。商品を発売する企業側が、お客様にとって本当に意味のある商品を発売し、それを大げさにすることなく事実を伝える姿勢です。こうしたことは、受け手のことを考えれば当たり前とすぐに分かるものですが、どうして逆の事態が起こってしまうかといえば、やはり企業や商品の責任者・担当者が短期的な売上利益に目が行ってしまうからにほかなりません。もちろん企業にとって売上利益はなければ存続できないのですが、誰かの役に立つことができなければお金は入ってこないので、トップの強い意志だけで徹底できない場合は、思い切ってＫＰＩを変える必要があります。

たとえ企業のトップが顧客第一を腹の底から理解していたとしても、社員数が多い組織ではトップの意志の浸透は薄れてしまい、現場責任者・担当者は自分の評価が売上利益になっていると、その達成を目指すものです。だからこそいっそ売上目標、利益目標をノルマ・ＫＰＩとして設定することを手放す勇気が必要だといえます。信用貯蓄がなければデータ時代に勝ち残ることはできないので、売上利益ではなく、自分たちが納得できる顧客満足を測る指標を取り入れます。NPS（ネットプロモータースコア）であったり、長期継続顧客数であったり、信用度を数値化したものは既に存在しています。単年度売上利益を重要指標にしているようでは、経営層を含めて転職が盛んになっている昨今の日本で、数年しかいない人たちに大事なマーケットを焼かれて終わる可能性があります。転職者は自らの実績をすぐに残したいでしょうから、売上利益が絶対指標になっている場合は、そこに全精力を注ぐことになるものです。その結果2、3年での売上の急伸、売上の早期V字回復に固執してしまい、その人が去った後に何も残らないケースは『ビジョナリーカンパニー2』でも紹介されています。

一方で、その会社の評価指標が顧客の信用貯蓄につながるものであれば、そのような事態を避けることにつながるでしょう。売上利益が指標であれば、不要なトラッキングやレコメンド、単発の不要な新商品発売はどうしても増えてしまいます。結果的に売れないどころか、お客様からデータをもらえない企業になってしまいます。

データをもらえない企業は、サードパーティデータも十分に得られない2022年以降お客様を理解できず、結果お客様の役に立てずに勝ち残ることが難しくなります。だからこそ信用貯蓄につながる指標をKPIとして設定することが早期に必要で、その結果お客様にデータを提供してもよいと思われる行動を全社員ができるようにしなければなりません。ただ、いくら信用貯蓄につながっても結果的に売上につながらなければ企業は存続できません。そこで提案したいのは、売上利益につながる信用貯蓄を図る指標の発見です。

そんなことが発見できるのかと問いたくなるものですが、私は可能だと考えます。この5年くらいP&G、ユニリーバ、ネスレ出身のマーケティング関係者と頻繁に仕事をするようになり、彼らが曖昧なものを定量的に数値化するスキルを持っていることを知りました。統計的に優位なサンプル数を主にインターネットを介して調査し、その後人口データを使った拡大推計で攻めるべき市場の魅力度、商品の売上に寄与するイメージ項目、ブランドイメージを他社と比較した時の自社の点数といったことを簡単に数値化していきます。漠然とした内容を数値化する技術を使うことで、言語・文化・宗教・慣習・国籍の異なる人たちを説得しているのです。この方法を転用すれば、どのような信用構築が売上利益につながるのかを確認して関係者に納得してもらうことも可能です。そのうえで売上利益ではなく、信用貯蓄につながる指標を評価指標として掲げ、現場はその数値の最大化を狙い、結果的に企業の売上利益の向上を狙います。

5　パーソナライズする具体策

信用を貯めた結果お客様からデータを提供いただけるようになれば、そのお客様のデータを収集し、分析してお客様一人ひとりのことを理解していくことになります。既にある程度のお客様のデータを保有していて、ボリュームがあるようでしたら、最初は一人ひとりではなく、ある程度の小さな塊ごとに理解をしていくのがよいでしょう。比較的簡単にできることとして、SNSの投稿とそれによるお客様の反応をECサイトでのデータから分析することは、ある程度小さな塊ごとに数パターンの反応を把握することにつながります。

小さな塊ごとの理解を終えた、もしくは収集しているデータの数が少ない場合は、一人ひとりの理解を進めます。お客様は自分からどうしてほしいという声を上げてくれることは普通ありませんので、データからどのようにすれば役に立てるのかを推察するしかありません。見るべきデータは、「刺激」と「反応」で整理したものです。どの「刺激」に「反応」されたのか、どの「刺激」には「反応」されなかったのかをデータで集め、その理由はなぜかを考えていくことです。大変な業務ですが、この「刺激」と「反応」の因果関係を明らかにしていきます。

データで見るのはこうした因果関係で、得られたデータから反応の理由を考えます。お客様とは頻繁に会えるような状況ではないので、数字の僅かな変化を捉えようとすることです。それによってお客様は今どういう状態にあるのかが推察できます。「刺激」はこちらが実施したものに限りません。新型コロナによる外出自粛や天候・季節の変化も「刺激」となりえます。こうした「刺激」に対して、ある人は「反応」し、ある人は「反応」しないことがあります。もしくは同じ人でもある時は「反応」し、ある時は「反応」しないこともあります。こうしたデータを集め、なぜそうなったのかを考えることで、お客様一人ひとりを理解していくのです。

これは友達のことを理解することと同じで、仲が良い友達であれば、こういうことをしたら怒る、こういうことをしたら喜んでくれる、というのはある程度分かるものです。この友達関係のようになっていくことをイメージすれば、ここでやることが想像できるのではないかと思います。

このようなデータを収集していくためにも一つメインのプラットフォームがあると良いです。自社ＥＣサイトかもしれませんし、アプリかもしれません。そのサイト・アプリ内での発信情報（刺激）と天候などの外部環境の出来事に対して一人ひとりの行動履歴（反応）が収集できます。

こうした情報を管理していくうえで、データセキュリティを重視する必要はありますが、データを貯める箱（プラットフォーム）、閲覧するインターフェース、分析するＡＩなど大きな投資に最初から取り組む必要はありません。エクセルを活用するだけでも顧客理解は進められます。まずは今持っているリソースでお客様理解を進めればよいでしょう。その業務が量的・質的に手持ちのリソースでは難しくなってきて初めてデータを管理するプラットフォームやＡＩなどの投資を検討すればよいです。

お客様のことを大切な友達のように理解していった次に、どう役に立てるかのフェーズへと移ります。信頼してデータを提供してくれた（一度商品を購入してくれた）お客様を一人ひとり大切に接していきます。まずはお客様に「自分は大切にされている」と感じてもらえる接し方です。例えばメール１通送るにしても、一斉送信と感じられる内容ではお客様に喜んでもらえません。お客様の名前を記載することから始まり、収集した過去の購買履歴やサイトの閲覧履歴（＝反応）を基に、できるだけパーソナライズしたやりとりを行います。アクセスされたサイトに映し出すコンテンツも、お客様の過去の反応に沿った情報の出し分けをしていくこともすぐ実施できるものです。

また商品お買い上げの金額の多いお客様や購買歴の長いお客様に対しては、そうでないお客様と同じやりとりをするわけにはいきません。特別なお客様に対しては、何らかのポイント還元であったり、発売商品を先行して提供するなどの特別なＶＩＰサービスの検討を考えます。最初はお客様をクラスごとに分けて、そのクラスに属する方には全員同じオファーを送ることが考えられます。その後お客様一人ひとりに合った提案へと進んでいきます。

一人ひとりに合った情報提供と商品提供を進め、購入金額やお付き合い年数の多いＶＩＰのお客様に向けた特別なオファーの提供を通じて、お客様になった方がしっかりと定着し、そのお客様の中から一人でも多くのファンを育成することを目指します。テクノロジーの進化を活用して２０２１年時点で最も到達すべきものとしてはリアルタイムのオファーです。特にＧＰＳによる位置情報、もしくは天候情報などを基に、お客様に最適なオファーを最適なタイミングで実施することで、他社にはできないパーソナライズを実現していくことができます。

パーソナライズして提供するものとしてはあらゆるものが考えられますが、生活者の態度変容や購買行動に非常に影響力がある、健康データを基にした健康ソリューションに取り組むことで他企業との差をつけることができます。コロナパンデミックの有無にかかわらず、一見健康には関係のない企業たちが健康データを踏まえたうえでパーソナライズしたソリューションを提供しようと取り組み始めていることは既にお伝えした通りです。

6　パーティシペーションを図る具体策

お客様一人ひとりを理解していったら、次はプログラムへの参加を促します。お客様理解は企業、商品ブランド側からお客様に向かう行動が主となっていますが、パーティシペーションはお客様から企業、商品ブランド側への行動がメインです。例えばオンラインサロンの参加メンバーが主催者と一緒に何かを創り出せる体験を得るようなものです。自らが能動的に関わることでその関与物に愛着が生まれていきます。プログラムといっても難しく考える必要はなく、何かの共同作業をイベント的に用意することでよいのです。共同作業を通じて強固な関係を目指します。人事研修のチームビルディングで必ず何らかの共同作業が入っていることから、共同で何かに取り組むことが強固な関係づくりにつながることは感覚的にも理解しやすいと思います。

では共同作業をどう用意するかですが、ここである教育機関の取り組みを紹介します。世界最難関の大学といえば、ハーバード大学と想像する方が多いと思いますが、最近ではミネルバ大学の名前が挙がるようになってきました。２０１４年に開講したこの大学は、キャンパスがありません。授業は全てオンライン。しかし学生は必ず寮に入らなければならず、在学中の４年間にアメリカのサンフランシスコや韓国のソウル、アルゼンチンのブエノスアイレスなどを転々と回りながら各自オンラインで受講しています。入学試験もオンラインのみで実施されます。ミネルバ大学の本部がサンフランシスコにあります。大学を訪れた時は普通のオフィスビルで驚いたことを今でも覚えています。「これが大学?」と思わず口に出してしまったほどです。そのオフィスビルの一室で、大学の担当者から学生たちがオンラインで授業を行い、寮に入ることの意味を教えてもらいました。その時は「本当にこんなシステムが支持されるものなのか……」と、半信半疑の面持ちでいたことが本音です。しかしそれから2年後にリモートライフを経験している今の私は、ミネルバ大学が取り組むオンラインとオフラインの組み合わせの魅力を納得しました。オンラインで済ますことができるもの、いやむしろオンラインの方こそ上手くできるものはオンラインで提供し、そしてオンラインではどうしても提供できない価値はオフラインで提供するという世界観。ミネルバ大学はオンラインとオフラインの共存した教育にコロナパンデミック以前から着手していました。このように彼らは大学の授業はオンラインでしか実施しない一方、学生たちには必ず一つの同じ寮でオフラインでの共同作業をしてもらうことを重視しています。つまり共同作業にはオフラインが欠かせません。私自身、報告・提案と承認がメインの会議ならオンラインでの実施に不自由を感じませんが、知らない人と一緒に受ける人事研修でのワークやブレストはオンラインの限界を感じざるを得ませんでした。これはテクノロジーの問題というより、人間の感覚の問題かもしれません。今のテクノロジーでは視覚と聴覚しかカバーしていませんので、VRなどの没入型メディアが臭覚と触覚をカバーするまでは、特に知らない人とのオンラインでの共同作業は本当の意味では実施不可能と感じます。

このように考えると、プログラムへのパーティシペーションを図るには、オフラインのプログラムから始めた方がよいでしょう。感染症拡大防止という意味で密な集まりは歓迎されませんが、そもそも最初から多くの人数は集まりません。目的と趣旨を明確にしたうえで、少人数でいいので実際に集まってもらうのです。こうした時に実店舗があると開催場所として活用できます。

集まってもらってそこで何をするかですが、例えばアマゾンやセールスフォースは、参加者に自由に情報交換や質問、勉強会を行ってもらっています。その他の会社の取り組みとしては、消費者調査を実施するように、お客様の意見や要望をヒアリングするものです。日頃の感謝を込めてクイズやゲームを実施することもあります。お客様と企業、お客様とお客様が心を通じ合う体験であれば何でもよいのです。ただし、参加者への販売活動はその場ではしないこと、そしてお客様の声を聞くことを忘れないようにしましょう。こういう場だからこそ、話してくださる本音があるものです。それを聞かない手はありません。

実施する内容はそれほど突飛なものはなく誰でも簡単に思いつくものなので、何をやるかより誰を呼ぶかの方が大切です。プログラムでは何らかのアウトプットをしてもらうため、アウトプットできる人たちに集まってもらう必要があります。それは能力の高さやSNSのフォロワーの多さ、肩書きなどではなく、その事業や商品に熱量のある人たちです。例えば消費者調査に参加していただいた方に謝礼を渡すような、何かのインセンティブを渡すことはしません。ただただ自分の好きな事業や商品のためにアウトプットしたいと主体的に活動できる人のみに集まってもらうのです。そうでなければプログラムの運営は続きません。参加者の当事者意識がプログラム存続のカギです。そのためにも実施する内容よりも誰に参加してもらうかの方が重要です。

主体性のある人たちがオフラインで集まって顔の知れた関係になれば、オンラインでの実施へ移行することができるでしょう。オンラインで実施するプログラムの内容は、オフラインの内容と差はありません。参加者に自由に情報交換や質問、勉強会を行ってもらったり、意見や要望をヒアリングしたり、アイスブレークとしてクイズやゲームをしたりします。多くの人はオンライン飲み会やリモートワークを通してオンラインでつながることに慣れていますから、顔の知れた人たちとなら参加者にとっても負担は少なく、主催者にとっても運用面での負担を軽減することができます。

最も大切なことは続けることです。そのためにも運営面での負担を軽減することは大切なので、オンラインを適度に取り入れていくことをおすすめします。続けるためにはとにかく社内の理解を得ることが必要です。よほどトップに理解がある場合を除き、社内の理解を得るために評価基準となる指標に最も頭を使わなければならないでしょう。プログラムの実施内容はそれほど難しいものではなく、参加者が主体のものです。だからこそ参加者と企業の関係性を図る指標を掲げ、社内承認を取ることが自分たちの仕事だと考えます。

そうやってプログラムを続けていけば少しずつ規模を大きくしていくことができます。その際には、オフラインでは複数の地方での実施、またテーマ別の分科会を開催することも考えられます。そうやって参加しやすい場を増やしていきます。

予算的にどうしても実施できない場合は、最も簡単なレベルで取り組めるものとして、UGC（User Generated Contents：ユーザー生成コンテンツ）の展開を提案します。お客様の中には自社の商品のことをSNSなどに投稿してくださる方がいますが、その方の投稿した画像や内容を公式アカウントで紹介する、公式ホームページで取り上げることが考えられます。同じくお客様のレビューも公式アカウントやホームページで紹介することができます。これらは商品を誰かに紹介するというプログラムに参加し、共同作業をしているものだと捉えられます。

冒頭にパーティシペーションフィーという言葉を紹介しましたが、これはプログラムの活動に参加する権利を提供し、その見返りとしてフィーをもらう考えです。オンラインサロンのようにプログラムの参加費をそのまま頂戴する場合もありますが、むしろ私が考えているのは商品を購入した方々だけが参加できるプログラムが用意されているような形です。そうすればお客様は商品を購入していることよりも、そのプログラムへの参加のためにお金を支払っていると考え、そちらの方が今後長く続く関係をつくれるのではないかと考えます。

7 パフォーマンスを売る具体策

ここまで挙げた1〜6が既存商品を持っている場合にすぐ実施していくものだと捉えています。この6つを実施しながら既存商品を強化するのがこの7つ目の立ち位置です。オンライン起点のビジネスにおいて、商品の品質は重要なポイントです。オンライン起点のビジネスが加速すれば、今までオフラインでかかっていた土地代や人件費、中間マージンがなくなっていきます。そうした費用を削って企業の利益につなげる選択肢もありますが、その浮いた費用を強い商品の開発に注ぐ必要があると考えます。オンライン起点のビジネスによるコスト削減は全ての企業にとって生じるもので、必然的に競合他社も原価率を下げることが可能です。

しかし、安くても中途半端なものではお客様の心を掴むことはできないでしょう。安いのにすごく良いものだからこそ、要らないものは要らない社会でも勝ち残ることができます。だからこそどこまで商品の品質に資金を投じることができるかが勝負の分かれ目です。広告費や店舗運営費を極力使わずにこだわりのある商品開発に資金を使うことや、品質の高い商品を安く販売する企業こそ今後勝ち残っていくと考えます。

原価をかけて生み出した品質の高い商品が用意できれば、それを売って終わりではなく、パフォーマンスとして販売することで継続的な関係になれるかを考えます。売り方をオンラインシフトすることで商品のＰ／Ｌ（Profit and Loss Statement：損益計算書）構造を改善していき、それによって生まれる資金を顧客視点で商品の品質を上げることに使い、顧客にとって意味のある高品質を確実に届けるためにまたオンラインを活用してつながるという好循環をつくり出します。ＩｏＴの投資が可能であれば、商品をＩｏＴにして、利用データを収集し、そのデータを分析し、商品購入後も継続的に得るべきパフォーマンスを提供しようとすることです。そのためには商品の販売形態は自然とサブスクリプションになっていくでしょう。

今やファッションや食品の世界でも、サブスクリプションは広がっています。衣食住のうち住だけがいち早く賃貸という形でサブスクリプションを提供してきたわけですが、服や食品だって例外ではありません。ＩｏＴの投資が難しい場合は、既に紹介していますが、オンラインミーティングツールやＳＮＳを使ってお客様とつながることで、しっかりとパフォーマンスを届けて継続的な関係構築を目指す取り組みを進めます。商品の購入者限定で参加できる場を用意して理解を深めるなどは、先のパーティシペーションの一種と少し重なりますが、大きな投資を必要とせずに実行できるものです。何度も紹介しているお肉屋さんの例、高級牛肉を購入したお客様が上手に焼いて自宅でお肉を楽しめるためのオンラインを使ったフォローはすぐに実施可能です。予算の有無ではなく、お客様が購入された商品で生活の質の改善、人生の価値の向上に貢献できるかを念頭に置き、購入後の商品体験のサポートを考えることで打つ手はいくらでも出てきます。

顧客視点で商品自体の品質を高くすること、その高品質をしっかりとお客様が体験できるようにすること。オンラインシフトで世界中の企業が競合になってくる中、ここに強くこだわることこそ元々品質の高い日本企業に活路があるのではないかと思います。私の専門分野である広告宣伝は、ある意味商品の価値の再発明のための時間稼ぎだと思っています。広告宣伝は商品が今のままの状態でも光を当てる場所を変えることで、生活者に新しい商品選択の枠組みを提示し、その枠においてこの商品が自分にとって最も関連性が高いという認識を醸成する１つの売り方です。過去の広告宣伝の一つに夏の土用の丑の日がありますが、2021年になってもこの売り方は続いているものの、2020年には2回、2021年には1回しか土用の丑の日はありません。それ以外の日にうなぎを食べてもらうにはこの活動に損害を与えない別の文脈を作ることも考えますが、そもそも野菜や魚、茶色い炭水化物のように毎日食べたらよいと思われているものへと、うなぎ自体の価値が向上した方が早いわけです。顧客視点で商品の品質を高めること、そしてその高いパフォーマンスをお客様に届ける取り組みを行うことです。

ここまでマーケティングの7Pを具体的にどのように進めていくことができるかを考えてきたわけですが、それぞれのP（特にパーパスとピュアを除く2、3、5、6、7）ではテクノロジーの活用を紹介しているものの、これらは2021年現在とそれ以降に浸透するテクノロジーを想定した内容を含んでいます。ただし売り方のオンラインシフトは手段ですし、そのためのテクノロジーはさらにその手段です。テクノロジーにとらわれずに7つのPに取り組むことはできますし、今あるリソースでできるところから7Pに取り組むことの方が大切だと考えています。ケーススタディでは保有する金銭的、人的リソースで、できることに取り組んだ事例を紹介します。

マーケティングの7Pは一巡したら終わりというわけではありません。一通り取り組んだ後、スパイラルを描くように継続していくことで、売り方のオンラインシフトが進み、持続

マーケティングの7Pはスパイラルを描くように継続することが大切

スパイラル1	1	パーパス　を見つめ直す　※既に商品がある場合はここからスタート
	2	ポスト　をする
	3	ページ　をデコる
	4	ピュア　に行動する
	5	パーソナライズ　する
	6	パーティシペーション　を図る
	7	パフォーマンス　を売る ※まだ商品がない場合は、パーパスと合わせてここからスタート
スパイラル2	1	パーパス　を再度見つめ直す
	2	ポスト　をする
	3	ページ　をデコる
	4	ピュア　に行動する
	5	パーソナライズ　する
	6	パーティシペーション　を図る
	7	パフォーマンス　を売る
スパイラル3	1	パーパス　を再度見つめ直す
	2	ポスト　をする
	3	ページ　をデコる
	4	ピュア　に行動する
	5	パーソナライズ　する
	6	パーティシペーション　を図る
	7	パフォーマンス　を売る

可能な成長を目指していくことができると考えます。1巡目が終わると、スパイラル2、3、4……と続けていくことが理想的です。

ケーススタディ

ミーニングフル、エンゲージメント、セルフディフェンスが前提となる時代のマーケティングの7Pについて考えてきました。

ここからはこの7Pが有効に機能するのかを検証していきたいと思います。当初はどの企業がケーススタディに相応しいかをアメリカのDNVBや中国のスタートアップを中心に見ていましたが、日本で適用しやすいように、国内の企業からケーススタディを探すことにしました。既に名前を挙げているヤッホーブルーイングとスノーピークです。

このケーススタディは、彼らが保有する金銭的、人的リソースでできることに取り組んだ内容を振り返る形で7Pの視点で整理しています。2020年以前の取り組みになるため、紹介したようなテクノロジーの活用はないものがありますが、テクノロジーや予算、社内の人的リソースにとらわれることなく、今あるものでどう進められるかの参考になると考えています。

ケーススタディ[1] ヤッホーブルーイング

1つ目のケーススタディは、ヤッホーブルーイングです。はじめにで紹介しましたが、ビールを製造・販売する長野県軽井沢町にある企業です。看板商品のよなよなエールはエールビールと呼ばれ、果物は入っていないのにフルーティな香りを放つビールです。ヤッホーブルーイングはコロナ禍においても精力的に活動していますが、ここではあえて約20年前に実行していた内容を中心に検証します。なぜなら冒頭でも紹介した通り、突然訪れた地ビールブームの終焉と共に思い切って今までのやり方を変更したところは、まさに今これまでの売り方ではやっていけないという危機に直面する私たちにとって参考になるからです。彼らが2000年頃にどうオンラインシフトして復活し、コロナ禍においても元気な企業であり続けられるまでになったのか。「先の見えない洞窟の中を手探りで進んでいく」活動内容をマーケティングの7Pに沿って整理し直して一つずつ見ていきます。

1 存在意義に立ち返ろう（パーパス）

星野リゾートの星野佳路氏がアメリカ留学中に個性溢れるビールに触れ、それを日本にも紹介したいと感じたことがきっかけで、1997年に7人でスタートしたのがヤッホーブルーイングです。ちょうど1995年頃から地ビールブームが日本で起こり、小規模のビールメーカーが数々誕生。地方にある小規模なメーカーのビールは一緒くたに地ビールとされたため、ヤッホーブルーイングはクラフトビールのメーカーを目指して始まったものの、世の中的には地ビールの括りとして認識されてしまったようです。とはいえ、地ビールブームもあり、創業時から多くの注文が入り、売上は順調に伸びていました。しかし2000年頃にブームが去ったこともあり、全然売れなくなりました。地ビールブームの終わり頃にはコンビニで商品が取り扱われることになったものの、商品の回転が悪く在庫が増え、泣く泣くビールを破棄しなければならない程でした。苦肉の策としてテレビCMや現金が当たるキャンペーンも実施したようですが、効果はありませんでした。これまで好調に売れていたのに、突然絶不調の時期に突入したわけです。

経費削減が社内で進められ、退職者も出てきて、社内の空気は悪くなる一方でした。他社のクラフトビールのメーカーたちがクラフトビールの特徴である、個性的な味をやめて、大手と同じ均一の味を目指そうとしていました。社内でも大手と同じように飲みやすいビールを造ろうという話が出ました。しかし飲みやすい、均一の味を手掛ければもはやクラフトビールではなくなってしまいます。こうした葛藤の中、星野氏を含めた打ち合わせで、何とか「目先のことも大切だけど、存在意義に立ち返ろう」ということになりました。

そもそもアメリカで見た個性溢れるビールを日本に広めたいという意志からスタートしているわけです。画一的な味しかなかった日本のビール市場に、フルーティな香りで、じっくり味わって飲みたくなる苦みとコクのあるビールを投入することでバラエティを提供し、個性豊かなビール文化を日本に根付かせる、それこそがヤッホーブルーイングの存在意義だと見つめ直したのです。

さらに、この美味しいビールを夜な夜な飲めるようにすることでビールファンにささやかな幸せをお届けすることも存在意義に加えられました。そもそもよなよなエールは、味わいある個性豊かなエールビールを夜な夜な飲んでもらうことを夢見て名付けられています。ささやかな幸せは、ビールを中心としたエンターテイメントを通して提供していきます。提供する相手は、既に一度はヤッホーブルーイングのビールを飲んでくれているクラフトビールに興味のある人たちで、リピーターを獲得していくことに焦点を絞りました。

2　メルマガをたくさん書く（ポスト）

2004年の夏頃、ヤッホーブルーイングの井出直行氏が社内の棚の書類を整理していたところ、楽天の三木谷浩史氏からの手紙が出てきました。三木谷氏自身が星野氏に営業をして、よなよなエールの通販サイトが楽天市場に出店した時に送られたものです。楽天市場には1997年5月にオープンしていましたが、この7年間誰もサイトを管理していませんでした。

社員のほぼ全員が楽天市場に出店していたことを忘れている状態でしたが、突然訪れた全く売れない状況を打破するべく、井出氏は楽天市場での販売に着手したのです。他に選択肢がない中での藁にもすがる心境で、楽天の営業の方に電話を入れたのでした。これをきっかけにヤッホーブルーイングのECが始まります。といっても井出氏が「ネットショップで売上を伸ばす」と社内にメールを発信するも、反応は冷たかったようでした。

楽天市場で売上を伸ばすために、井出氏が手掛けた特徴的なことがメルマガです。当時はまだSNSもない時代で、ブログが流行語になるのも2005年です。そうした時代に、井出氏はメルマガを通じてポストを実行していました。なお、彼らはツイッターとフェイスブックが日本にやってきてすぐ、公式アカウントを開設しています。またインスタグラムではよなよなエール缶人間というキャラクターが各地を回った写真を投稿しています。

ネットショッピングに着手する際に、井出氏は楽天が開催する勉強会に参加し、ネットショップを運営していくうえで、ビールに対する思いや製品知識、お店の特徴やこだわりを伝えるべきだというアドバイスをもらいました。そのアドバイスに従い、パソコンに向かってメルマガを書き始めたのでした。初めての内容は、英国古酒という名前（その後ハレの日仙人に変更）の商品を販売するもので、商品の特徴である紹興酒のような風味とブランデーのような香りについて触れます。1本750ミリリットルで3000円で、普通1〜2週間で終わる熟成を2年かけて完成させた、値段も含めてめったに飲むことができないビールを100本だけ限定販売することを紹介したのです。うんちくに溢れたメルマガを発信して数時間後にパソコンを見ると注文が殺到していたのでした。

これを機にメルマガをたくさん書くようになりました。ビールのことや醸造設備のこと、さらには個人的なことまで。一度販促キャンペーンを普通に紹介したメルマガを書いたことがあったようですが、反応が悪かったことから、自分たちにしか書けないことを想いを込めて書こうと決めました。それがビール通の心に響き、メルマガを見た人たちがメールからそのまま楽天市場にワンクリックでアクセスして、購入画面へと導かれていきました。

3 企業そのものを楽しんでもらう（ページデコ）

一般的な商品情報や販促情報が溢れるメルマガとは一線を画した個性的なメルマガを発信することでビール通の心を揺さぶり、楽天市場のECサイトでもヤッホーブルーイングのビールに対する思いや考え方、温もりを感じてもらえるページ構成が展開されていました。これも勉強会で教わったもので、個性を知って興味を持ってもらうこと、個性のあるページ展開をすることを肝に銘じていました。サイトではまず検索してもらう工夫、リピーターを獲得するための工夫をしていたといいます。サイトには情報を伝えるスペースは十分にあります。ここでじっくりエールビールの解説ができるわけです。一般の流通なら力のある商品が棚を制覇しますが、ネットショップならどのページもある程度平等に並べることができます。そのメリットを存分に生かして、あまねく全ての人にではなく、一部の方と濃く交わるために個性を出すことを鉄則と考えていました。

ビールへのこだわりを知ってもらい、ファンになってもらうために情報を楽天のショップサイトに掲出していきます。楽天のショップサイトをご覧になるお客様は知的な変わり者と設定。ビールにこだわりがあって、持ち物やライフスタイルにもこだわりのある、センスがいいけど、ちょっと変わった人。そういう人のみに向けた内容で、無理に売ろうとしないページ展開でした。決して万人受けは狙わないのです。スタッフの顔が見えていることに重きを置いて、サイトには製造や営業などのスタッフを積極的に紹介しています。メルマガ同様、スタッフの紹介だけでなく社内事情もサイトでも紹介していました。

今は2004年時点のサイトを閲覧することはできませんが、2020年時点での楽天市場におけるヤッホーブルーイングのサイトは商品のこだわりだけでなく、製品をもっと楽しんでもらうための楽しみ方の紹介、井出氏を含め社員たちの表情、そして一般的に企業サイトだけに載っている企業のミッションまでもが掲載されています。サイトにアクセスしてくるお客様にただ販売ページを用意しておくのではなく、ヤッホーブルーイングそのものを面白がってもらおうと考え、製品や社風、社員に興味を持ってもらえるようにデコレーションされています。

そもそも販売する商品はよなよなエール1つのSKUだったようです。製品が1つしかない中でも何度もお客様に訪れてもらうためにエンターテイメントを届けようとしていたのです。よなよなエールを擬人化して、缶同士が寸劇しているようなストーリーを掲出したこともあります。サイトを訪れたお客様が楽しんでくれることに徹した結果、商品が1SKUしかない状況でも売上がついてきました。

4　知的な変わり者だけに熱狂的に満足してもらう（ピュア）

経営をやるとどうしても色々とやりたくなるものですが、井出氏は何かを取る分、何かを捨てる選択を心がけています。トレードオフの関係です。お客様の満足度を取る分、トレードオフとして売上を捨てるのです。一見売上につながらないような取り組みであったとしても、お客様に入り込むことを選択しています。企画一つにしても、社員の時間、労力をものすごくかけて、費用もかけて実施しているのです。売上は、結果的に後からついてくると考えています。

お客様の満足度を取るといっても、全てのお客様に満足してもらうことは難しいので、お客様を絞るのです。絞るお客様は前述の知的な変わり者で、その絞った一部のお客様から普通の満足度ではなく、熱狂的に満足してもらうことを目指しています。そのためにならないことはやりません。お客様を絞るからこそ個性的なことができるとも、熱狂的に満足していただくためには突き抜けた個性を出さないといけないともいえます。その結果、お客様の中でも賛否両論を生み出し、好きな人にはウケる分、嫌いな人は去ってしまうかもしれません。そうしたトレードオフも意識しつつ、それでも知的な変わり者たちに熱狂的に満足してもらうことを選択しています。

100人いたら80人、どう少なく見積もってもせめて50人には満足してもらいたいと考てくれる商品でよいと考えています。ここで99人を捨てる勇気を持って、1人に確実に熱狂的になってもらうことからブレずに、集中していました。

5　苦情メールに一人ひとり対応する（パーソナライズ）

ヤッホーブルーイングでは、現在お客様の購入履歴やイベント参加状況、電話・メール応対記録、アンケート結果、ウェブアクセス状況、ファンの人柄やエピソードなどが社内のデータベースにまとめられているようです。会社が成長し社員が増えたことで、井出氏以外の誰が対応しても、お客様に満足してもらえるようにするため、お客様のデータを誰もが見られるようにして、お客様を理解した行動が起こせるようにしています。

例えば、問い合わせをしてきたお客様が、以前台風で中止になってしまったイベントに参加予定だったことがデータベースから分かり、イベント中止のフォローをその場で実施できたようです。お客様からすれば別件で問い合わせたのに、「そんなことまで知ってくれているのか！」と驚きを隠せないものです。テクノロジーを活用することで、お客様の情報を一元管理し、社員の誰もがお客様を感動させるために、そのデータからお客様を理解して対応しています。

２００４年の時点ではさすがにここまでの対応はできていなかったと思います。しかし、お客様1人ひとりに対応する姿勢は既に取り組まれていました。１００人いたらそのうちの１人に熱狂的に喜んでもらえるような情報発信を楽天のショップサイトとメルマガで続けていたわけですが、商品のことだけでなく、社内の様子や個人的な内容を書いていたので、その内容が好きな人と嫌いな人がどうしても生まれていました。メルマガを送ったら苦情の返信をされるお客様もいたのです。井出氏はその苦情メールを送ってこられた全員に対して、一人ずつ納得してもらうまでメールを返信していました。

クレームを送ったお客様一人ひとりに、お客様の苦情を理解したうえで、なぜ自分は一般的な商品告知や販促情報の連絡ではなく、このように社内事情や個人的な内容をメルマガに書いているのか、それは普通の当たり障りのないことを書いたとしてもまだまだ知られていない自分たちの商品には振り向いてもらえない、少しでも自分たちに振り向いてもらうためにこういった内容を書いているといった理由をお詫びの文章と一緒に返信していました。その分量は何十行にもなり、時には縦30センチメートルくらいの長さのメールになったこともありました。

すると、そこまで一生懸命考えているなら、てんちょ（店長）の話は聞きたくないが応援してもよい、といった返信が届くようになってきました。やがてクレームが減っていき、むしろ応援してもらえるようになっていったのです。

この時から、たとえ非効率でもお客様が納得してくれるように一人ずつ対応していくことを大切にしていました。これは、ヤッホーブルーイングでは究極の顧客志向だといわれています。その結果ファンが増えていったのです。2004年に始めたECの販売も、2005年、2006年には売上は対前年比130%を超えています。一人ひとりのお客様に対応していったからこそ、売上が後からついてきました。

6　お客様と密着するイベントを開催する（パーティシペーション）

ヤッホーブルーイングは今でこそファンマーケティングの代名詞的な存在ですが、彼らが地ビールブームの終焉から手探りで進んでいる時に、ハーレーダビッドソンのことを徹底的に調べたそうです。ハーレーダビッドソンが主催する富士スピードウェイのイベントでは、企業がお客様と密着していることを知りました。彼らは広告を実施することはほぼなく、その代わりにコミュニティを用意していて、そのコミュニティで集まったお客様たちがサーキットに集まって自分たちのバイクのカスタムを自慢し合い、一緒にサーキットを走っていたのでした。

そこで、「宴」という名のイベントを開催することになりました。お客様を招いて「なぜ自分たちのビールを好きでいてくれるのか」を聞きたい、お客様と密着することで100人に1人の熱狂的なファンになってもらいたいと考えたのです。早速メルマガと楽天のショップサイトで宴を行うことを発表しました。

2010年、40人程のお客様が参加して初の宴が開催されました。イベント当日、参加者はテーブルごとに分かれて座り、名札にニックネームを書いて自己紹介するところからスタート。その後はチーム名を決定して、チーム対抗のゲームが始まりました。ヤッホーブルーイングのビールのことやメルマガの内容に関する「よなよなウルトラクイズ」、製品のテイスティング大会です。イベント中には、お客様は「てんちょ」こと井出氏と一緒に写真を撮ったり、会話を楽しんだりしていました。さらにお客様自らが他の参加者で酔った方を介抱したり帰り道はこちらですと案内したりするなど、運営スタッフのような働きをされる場面もありました。運営する社員もお客様である参加者も、全員が「よなよなエールが好きな仲間」となる瞬間が生まれたのでした。

この宴は1000人規模の宴「超宴」として規模を拡大します。第1回超宴は2015年5月北軽井沢スウィートグラスというキャンプ場で開催されました。この日はまず醸造所直送のよなよなエールで乾杯からスタート。ミュージックライブがあり、宴と同じくウルトラクイズがあり、麦汁づくりがあり、キャンプファイヤーを囲む時間がありました。

超宴は一泊します。夜があけて翌朝6時にはリラックスヨガを開催。また自然にまつわるエピソードをガイドが紹介しながら散歩する朝のツアーも。最後は、よなよなエールが好きな仲間たち全員で風船を青空に一斉に飛ばしてお開きとなりました。

超宴は今も続いています。コロナの外出自粛の際には、〃おうち〃超宴としてオンラインで開催をしています。この時にはよなよなベランピングの実施方法や秘訣をスタッフが解説する企画まで実施していたようです。

宴、超宴は、ファンとチームビルディングする、という思想で運営されています。自己紹介タイムやクイズ大会、キャンプファイヤーなど交流の時間だけでなく、学びの時間も用意されています。社員自らが商品のストーリーやこだわりを、醸造所ツアーや原材料の食べ比べ、飲み方セミナーなどを通じて参加者に伝えています。

宴、超宴のプログラムは今ではイベントの動員数、アンケート形式によるブランドの熱狂度とNPSで効果を測定しているようです。売上に対する直接的なインパクトがイベントの指標になっていません。

さらに数年前からは宴、超宴とは別に共創をテーマにした「よなよなこれから会議」というお客様とヤッホーブルーイングの中期経営計画を一緒に考える機会まで設けています。ここではビールなしで3時間半、社員とお客様が膝を突き合わせて中期経営計画を一緒に考えるのです。初開催では138人の応募があり、その中から3日で計45人が招かれたようでした。

7　ビールを中心としたエンタメ体験を売る（パフォーマンス）

ここまで最初から全てうまくいくことが分かっていたような形での紹介になってしまいましたが、取り組んだことが全てすぐにうまくいったわけではなく、売上がついてくるまでは時間がかかっています。それでもこうした取り組みを続けてこられたのは、井出氏自身がよなよなエールというビールをこれは本当に美味いと思い、強く信じていたからでした。

こだわりを持って作られたビールをどうすれば最高の形で楽しんでもらえるかを、あらゆるところで発信し、伝道し続けているのです。

宴で手応えを掴んだ彼らは、その後東京に構えたよなよなエール公式バル「YONA YONA BEER WORKS」でスタッフがおしゃべりしながら飲む企画をユーストリーム（Ustream）で生中継することにしました。家庭用のビデオカメラだけを用意して配信を開始。乾杯して飲み始めるとユーストリームのコメント欄に「乾杯！」というお客様からの書き込みが出てきます。画面の向こうでお客様がヤッホーブルーイングのビールを飲みながら参加しているのです。配信中は音声が途中で途切れたり、画像が止まったりすること

ヤッホーブルーイングの7P

1 パーパス	一度でもヤッホーブルーイング のクラフトビールを味わったことのある人に、バラエティのある個性的なビールを通してビールを中心としたエンターテイメントを届けることで、個性豊かなビール文化を提供する
2 ポスト	ビールのことや醸造設備のこと、さらに個人的なことまで、お店の特徴やこだわりを伝えるためにメルマガをたくさん書く
3 ページデコ	製品が1つしかない中でも何度もお客様に訪れてもらうためにエンターテイメントを届けようと考え、製品や社風、社員に興味を持っていただけるページを構成する
4 ピュア	100人のうち1人いるような、知的な変わり者に熱狂的に満足してもらうことをするという一点に集中する
5 パーソナライズ	メルマガの内容に苦情を入れたお客様一人ひとりに向き合って、たとえ非効率でもお客様が納得してくれることを一人ずつ対応する
6 パーティシペーション	100人のうち1人の熱狂的なファンになってもらいたいと考え、お客様と密着するイベント「宴」を開催し、社員もお客様も全員が「よなよなエールが好きな仲間」となる瞬間をつくる
7 パフォーマンス	ヤッホーブルーイング のこだわりのある美味いビールをただ売るのではなく、Ustreamなどを使ってエンタメ体験まで一緒に売る

もあったようですが、昨今のオンライン飲み会よりもずっと前にこうしてビールを通したエンタメを手掛けていました。

その他にも、ローソン限定商品「僕ビール、君ビール。」を新発売する際には発売記念イベントを実施しています。「僕ビール、君ビール。」のデザインには帽子をかぶったカエルのイラストが描いてあり、そのキャラクターを活用して、「カエルを捕獲してもらう」イベントを実施しました。カエルを捕獲、つまり「僕ビール、君ビール。」の購入を、まるでゲームのように演出して、「僕ビール、君ビール。」を見つけて購入したお客様は、#かえるビールというハッシュタグをつけてどの場所で「捕獲」したのかをフェイスブックやツイッター、ユーストリームに書き込んでいくのです。すると、発売日にヤッホーブルーイングのスタッフが「僕ビール、君ビール。」で飲んでいる様子がユーストリームで中継されている中、その書き込みを見て、選挙開票の中継のように、地図を用意して捕獲場所にバラの造花を飾る演出をしていました。その「番組」を見ながら、お客様は「僕ビール、君ビール。」をビールだけでなくエンタメとして堪能することができたのです。ヤッホーブルーイングのこだわりのある美味いビールをただ売るのではなく、エンタメ体験まで一緒に売ることでお客様の熱狂的な満足を得ることに成功しています。

ケーススタディ2 スノーピーク

スノーピークは日本のアウトドアメーカーです。本社は2011年からJR上越新幹線の燕三条駅から車で30分のところに構えています。オフィスの目の前にはキャンプ場が広がり、5万坪のキャンプ場に1600坪のオフィス棟があるような印象です。家に帰らずキャンプ場にテントを張って一泊して、その翌朝テントから出社する社員もいるようです。現会長の山井太氏も社長時代には仕事で疲れた時にここにテントを張って翌朝出勤することが年間15回くらいあったようで、社内の全員がアウトドア愛好者です。スノーピークはロッククライミング好きの山井幸雄氏が「自分が欲しい製品を作る」会社として、登山用品や釣具を販売した山井幸雄商店から始まりました。1986年に現会長の山井太氏が入社します。当時社員数は15人で、年商5億円。1988年にオートキャンプ用品を発売してから年率30％の勢いで成長をしていきましたが、その後窮地に陥ることになります。そこからスノーピークはどう抜け出していったのかを中心に検証します。コロナ禍においてもオンラインストアにチャットの接客サービスを導入するなどして売上を伸ばす元気なスノーピークを見るのではなく、ヤッホーブルーイングと同じように約20年前に突然困難に直面し今のままではいけないと感じて、経営の舵を切ったところに、私たちが学ぶ点があると考えているからです。マーケティングはしないスノーピークの取り組みは至るところで取り上げられていますが、マーケティングの7Pに沿って改めて紹介します。

1　ユーザーとキャンプを楽しむイベントを通して存在意義を知る（パーパス）

山井太氏がスノーピークに入社した当時、日本の自動車登録台数の10％は4WDが占めるほど、SUVの注目が高まっていました。そのSUV車で移動して行うオートキャンプというスタイルを提唱していってはどうか。そう考えた山井氏はオートキャンプの原型を生み出したのでした。それまでアウトドアといえば登山のみだった世界に、豊かなアウトドアスタイルを求める人がたくさんいるはずだとの狙い通り、SUVに乗ったキャンプという新需要をつくることに成功したのです。オートキャンプのブームは広がり、5年でオートキャンプ人口が2000万人まで膨れ上がりました。スノーピークの業績も、毎年30％ずつ売上が上昇し、売上高は25億5000万円まで伸長したのでした。

しかし、ブームの牽引役だった団塊の世代がファミリーキャンプ場から卒業していったことをきっかけに、オートキャンプのブームが終息。そこから売上は減り、94年から99年まで6期連続で業績がダウン。売上高は14億5000万円まで下がることになります。44％もの売上を失ったのです。同業の人には「キャンプ市場は終わった」「もう営業に来なくていい」といった声をかけられるようになります。

新製品を開発するも状況は変わらず、オートキャンプと同じように、自分たちスノーピークにも存在理由があるのか？ と山井氏も社員も迷うようになってしまいました。そんな時に社員から「自分たちの存在意義はよく分からないが、それでもユーザーの顔を見ると仕事を頑張れる」という一言があり、それならばユーザーの声を直接聞けるユーザーとキャンプを楽しむイベントを開始しようとなったのです。

1998年10月、第1回スノーピークウェイが山梨県の本栖湖で開催されました。今ではスノーピークウェイを検索すると、検索窓に関連語として「倍率」の文字が出るくらい人気でなかなか参加できないイベントですが、当時は全国誌『BE-PAL』にイベントの告知を打つも、集まったのは30組でした。

目的はお客様の声を聞き、自分たちの存在意義を見つめることです。イベント当日はたき火を囲んで、まるでサンドバッグのように山井氏はお客様からの率直な意見を受け続けます。その会話から、「スノーピークは高いし、さらに自分の生活圏でなかなか売っていない」といった声を聞くのでした。

オートキャンプの新需要を切り開くと同時に山井氏は、ハイエンドのキャンプ用品市場をつくり出していました。当時高くても1万9800円の製品が高価格のテントだった中、16万8000円のテントを打ち出したのです。製品の品質は当然良く、さらにSUV車にちょうど入る大きさに設計されていました。キャンプにリッチな価値観を導入したのでした。しかしユーザーにとっては品質は高くても、やはり値段も高い製品だったのです。

また、自分の生活圏に売っていないので、欲しいものを買うことができません。つまり高いし、買おうと思っても売っていない。ユーザーが買えないから、スノーピークの売上も下がるという構造になっていたことに気づきました。第1回スノーピークウェイに参加した30組のスノーピーカーは、他のどの人よりも格段に熱狂的なユーザーのはずです。そのユーザーたちは納得してスノーピークの製品を買っているわけではありませんでした。彼らの正直なフィードバックを受けることで、このユーザーたちの笑顔こそが自分たちが目指すべき北極星、存在意義だと認識します。自分たちはモノづくりにはこだわっていたが、ユーザーに価値を伝えるためのプロセスは不十分だったことを思い知ったのです。モノづくりも価値を伝えるプロセスも併せてユーザーを幸せにすることこそ、自分たちの存在理由だと確認し、前進していくことになりました。

なお、彼らのミッションステートメント「The Snow Peak Way」には「自然指向のライフスタイルを提案し実現する」との記述はあるのですが、アウトドアという言葉は出てきません。アウトドアではなく、自然指向のライフスタイルを提供することにより、ユーザーの人間性を回復させて、人と人のつながりを生み出す力を人生の全ての時間に広げることが自分たちの存在意義であると、その後時間をかけながら見つけていったことが感じられます。

2 UGCを使って大量に投稿を生み出す（ポスト）

「買おうと思っても高いし、売っていない」という声に対して、彼らが取り組んだことは、流通プロセスの整理でした。2000年には問屋との取引を全て停止し、1000店舗あった販売店を２５０に絞ります。販売店を絞る一方で、その絞った２５０の店舗には製品がしっかり並ぶようにして、ユーザーが車で30分から1時間移動したら必ず製品を買える状態を目指しました。また問屋との取引を停止したことで中間マージンがなくなり、販売価格を下げることができました。この取り組みがV字回復を大きく支えたのでしょうが、私はこの取り組みに加えて並行して実施されていた彼らのオンラインでの活動に目を向けます。彼らは２０００年代の復活への取り組みの中でポストを実施していました。

２０００年に入ってスノーピークウェイのイベントの後にもユーザーたちが交流できるようにとネット掲示板を立ち上げました。これによりユーザーが自分が購入して使ったキャンプ用品の使い方や感想を書き込んだり、キャンプ初心者がベテランに質問したりする、アウトドアについて意見交換できる場が用意されました。２００５年には関心空間というサービスを発見し、今でいうＳＮＳのような形のスノーピーククラブを開設します。現在もスノーピークの関心空間を使ったサイトは残っています。トップ画面にいくと、メニューには、プロダクツレビュー、アウトドア料理レシピ、おすすめキャンプ場、ネイチャーフォト、ユーザーズサイトリンク、みんなのインフォがあり、ユーザーたちはそのサイトに登録すると自由に日記を投稿でき、それらがカテゴリーごとに閲覧できる仕立てになっています。

2015年にこのサイトは閉鎖になりましたが、それまでに約7万人が参加し、3万7000ものキーワードが投稿されたことが記録として残っています。ポストするメインはユーザーたちではありますが、ユーザーに交じって山井氏も投稿しています。ユーザー名*tohruとして投稿されていることが確認できます。ポストの中心人物はお客様であるユーザーたちでしたが、日本にフェイスブックが一気に広がる2011年頃よりもずっと早い2005年の時点で、スノーピークを感じることのできる、そして深く理解することのできる貴重なポストが投稿されていたのです。

例えばプロダクツレビューには実際に購入した製品の写真が掲載されていて、お客様がどう使ってどういう使い勝手だったのかが赤裸々に投稿されており、アウトドア料理レシピはお客様が実際にキャンプで作ってみたレシピが写真と一緒に紹介されています。スノーピークの製品もその写真に自然な形で写っています。おすすめキャンプ場はその名の通りお客様が実際に訪れてよいと感じたキャンプ場の紹介があり、ネイチャーフォトではアウトドアシーンでお客様が撮影した、美しかったりほのぼのしていたりする写真が自由にポストされていて、見ているとスノーピークの製品を通じてこうした体験をしたいと感じさせてくれます。

ユーザーズサイトリンクはアウトドアに関する内容のホームページを紹介し合える場

で、みんなのインフォでは初雪情報やお客様の思い出に残るキャンプなどの情報が発信されていて、スノーピークを通じてキャンプをより深めていくことができます。投稿するとそのポストに対してフェイスブックのようにコメントを書き込むことができます。それによりポストに対してユーザー間での会話も生まれていました。

2005年から始めたこのインターネットの活用は決して片手間であったわけはありません。そもそもキャンプは毎日実施できないので、どうすればユーザーと日常的にコミュニケーションをとれるかを考えて立ち上げられています。ここに集まったポストは、ユーザーのキャンプに関する専門的知識欲と熱量欲を満たしたに違いありません。そしてスノーピークが現在熱狂的なユーザーを多数抱えることに寄与したといえます。スノーピークはSNSのない時代に、ポストをUGCを使った形で大量に生み出していたのです。

その後フェイスブックが日本に到来し、スノーピークもアカウントを開設。現在はそちらのSnow Peakコミュニティに引き継がれ、今もユーザー同士でキャンプに関する相談や質問が行われています。スノーピークの全店舗の店長もフェイスブックにポストを行っているとのことです。

3　デザイン性のあるカタログを使った通販（ページデコ）

流通プロセスを整理し、2003年には初の直営店も出店します。製品の価値を伝えるプロセスにもコミットすることを決めた彼らは、販売のタッチポイントにおいてまず製品の魅力を自分たちの口で直接伝えることにしました。ユーザーと接する場で「ここが良い」と説明できる必要があるわけです。こうした実店舗の整理が主流だったかもしれませんが、彼らはヤッホーブルーイング同様、2000年代にECに2つのアプローチで着手しています。

一つはいわゆる通販サイトです。大阪の営業所に直接ユーザーが製品を買いたいと訪問することがあったようです。そこで「ECのせいで既存店舗の売上に悪影響が出る」というような考えはせずに、買いたくても買えないという声に応える形で、オンラインストアを立ち上げます。2007年7月にはスノーピークストア楽天店をオープンしています。

もう一つはカタログ通販です。このカタログこそ、スマホがまだない2000年代のページデコとして機能したと考えます。カタログ通販は家に届いた紙の冊子であるカタログを見て電話（やインターネット）で注文できる販売形態です。当然カタログ通販の最大のメリットはEC同様、実際に店舗に行かずに製品を購入できることです。

カタログと聞くとダサい冊子をイメージするかもしれませんが、スノーピークのカタログはキャンプ写真集といっても過言ではありません。表紙からとてもお洒落で、中のページも余白をうまく使いながらテキストと画像がレイアウトされた、イケてる雑誌のようなカタログなのです。紙ですから動画は載っていませんが、写真やイラストがふんだんに使われていて、お店に足を運ばなくても製品特徴や使用シーンをイメージしやすい仕立てになっています。例えば比較的最近のカタログで紹介されていたチキンラーメンクッカーを例にとると、実際に日清チキンラーメンのカップやパッケージがクッカーにフィットしている写真まで挿入されています。その説明を見て、キャンプ場でチキンラーメンに卵を落とす自分を思い浮かべた人も多いはずです。なおカタログは熱狂的なユーザーの中で経典やバイブルとも呼ばれているそうで、過去のカタログがメルカリやヤフオクで販売されているくらい価値のあるものになっています。

アイフォンが日本に上陸したのは2008年で、それまでスマホはなく、家でパソコンを開いてECサイトを見るのはスマホで見るよりはるかに億劫な行為でした。そんな時に、ユーザーたちは家のソファで好きな雑誌のようにスノーピークのカタログを見て、気に入ったらお店に行かずにそのまま注文ができたのです。もしくはスノーピーククラブのポストに触れて、興味を持った製品をお店に行かずにカタログで確認して、同じくそのまま家にいながら注文ができる環境が揃っていました。

そもそも先述の通りスノーピークはハイエンドな製品を扱っていますので、値段の問題に手をつけたとはいえ決して安価なものではありません。たとえ店舗に訪れても即決することに躊躇する人はいたはずです。店舗で実物を見てから帰宅して家族に相談して、承認をもらってからその場で購入するケースにも役立ったでしょう。

オンラインストアでは、実店舗で店員とお客様とが1対1のやりとりをするように、ECでも1対1でつながる人間味のあるページ構成を心がけています。そのためお店でお客様がスタッフに質問するのと同じく、オンラインであってもお客様から質問を受けることができる機能が追加されています。現在オンラインストアにアクセスすると各製品ページには「この商品について質問する」というボタンがあり、訪問者は製品に関する疑問を質問することができます。お客様が実店舗で購入する時と変わらないサービスを製品ページにおいても実現することを目指しているのです。

またページには他のユーザーのレビューも掲載されており、スノーピーク側からだけでなく、ユーザーの発信情報も盛り込まれた製品ページになっています。ストアのトップページには素敵なキャンプをしている写真や美味しそうな料理の写真も載っており、写真をクリックするとそのシーンで使われている製品一式の詳細を見ることができます。家具店のIKEAの展示のように、利用シーンが先に飛び込んできて、そのシーンを体験したいと思ったらそれを叶えてくれる製品詳細を見ることができるようにページがデコレーションされているのです。

なお、2016年5月17日付の彼らのプレスリリースには、既に「デジタルトランスフォーメーション」の言葉が出ていて、SAPのECプラットフォームと機械学習エンジンを活用し、お客様とのタッチポイントを場所を問わず最適な形になるように取り組むことが発表されています。ユーザーに無駄なストレスを感じさせずに購入体験をしてもらう工夫が続けられていることが分かります。

4 短期的な売上よりも本当にユーザーが欲しいものを作る（ピュア）

スノーピークは自分の欲しい製品だけを作ろうと思っています。それは創業者の山井幸雄氏から続くDNAです。だからこそ市場を調査し、同業他社を研究して、競合に対してどう戦うかという意味でのマーケティングをすることはありません。それがスノーピークはマーケティングをしないといわれる由縁です。

スノーピークは社員自らもユーザーです。オフィスの目の前がキャンプ場で、仕事をしてキャンプして夜があけたらオフィスに戻るようなことをしているのですから、並々ならぬアウトドア愛好者たちです。経営陣も含めてそんな人たちが自分たちの欲しいものを作っています。だから、自分のお金を出して買わない製品は作りません。山井氏もこれまで軽く1000万円以上はユーザーの立場としてスノーピークの製品を購入しています。だからこそ社内の会議で最終的に製品として販売するかを決定する時には、「あなたは本当に買うのか」という質問が起案者に投げかけられます。

簡単に壊れるものも作りません。例えば嵐の日にキャンプをすると周りに張られた他の人のテントやタープが風でつぶれる中、スノーピークの製品は問題がなかったというくらい簡単には壊れません。自分たちのキャンプ経験を踏まえて、年間50回、5年ほど使っても大丈夫だと思えるものを作ります。

アウトドア愛好者である社員たちがキャンプをしながら製品を開発するので、市場にフィットするよりも少し早く世に出る製品があることも事実です。そのため、売れないからといって、すぐ廃番にすることはありません。スノーピークを象徴する製品である、1996年に発売したたき火台は発売当初売れなかったのですが、2年、3年かけて売れ始めました。いつか売れる可能性のある製品はあえて残すのです。

短期的な売上のために無理な販売はしませんし、販売した製品がどれだけ待っても期待した売上に届かなくとも安値で売ったりすることもまずありません。値引きして販売するくらいなら環境に配慮しつつ破棄することを選ぶ強い意志を持っています。だからこそ他社の真似はせず、長く使ってもらえるものにこだわりますし、すぐに売れなくても構わないのです。ユーザーとしての自分たちも、お客様であるユーザーも、お互いが本当に欲しいかどうかにこだわって、感動できるものを手掛けます。その1点においてピュアに行動しています。どんな嵐が起こっても、ユーザーの笑顔を嵐の中を前進する上でのコンパス（目印）にしているのです。

5　ロイヤルカスタマーに向き合う（パーソナライズ）

スノーピークはポイントカード会員に登録すると、製品購入の際にポイントが貯まり、そのポイントに応じて会員ランクがアップしていくシステムを導入しています。1年間の購入金額に応じて、レギュラー、シルバー、ゴールド、プラチナ、ブラック、そして現在ではサファイアも加わり全部で6つのランクがあります。上位のランクほど購入時のポイント付与率は高まります。また貯まったポイントは非売品のオリジナルギフトや提携キャンプ場の優待に交換ができるようになっています。

ランクを上げるためにはシルバーなら年間10万円、ゴールドなら20万円、プラチナなら30万円分の製品を購入する必要があります。プラチナカード会員は、会員登録時からの累積購入金額が１００万円に達した時にはブラックカード会員へランクアップされます。スノーピークはロイヤルカスタマーをプラチナとブラックカード会員（そしてその後加わったサファイアカード会員）と設定しています。

このランクアップの基準は、アウトドアの楽しみを深めるにつれてランクが上がるように設計されています。レギュラーからシルバーへのランクアップは、春夏のキャンプに必要な製品を一式購入することが目安となります。この季節は天気が良くて初心者がキャンプを始めるのに良い時期です。春夏だけでなく、1年中通してキャンプをするようになると、秋冬の寒い季節に対応するために、耐寒性の高いものが必要になります。こうして秋冬のラインナップを追加するとゴールドに到達するようになります。さらに自分に合ったスタイルの必要なアイテムを揃えていくとプラチナへとアップしていくという、スノーピークを通じてキャンプを楽しんでいける仕組みになっています。カードのランクが上がればポイントの付与率は良くなっていきますし、ブラックカード会員になると本社に招かれ、敷地内のキャンプ場でブラックカードホルダーナイトというのを体験することもできるなどユーザーメリットも用意されています。ブラックカードホルダーナイトは2013年11月末に実施した際には全国から200名が集まっています。なおこの本社はスノーピーカーからメッカと呼ばれているようです。

カードのランクを見ればお客様が今どの程度のキャンプの楽しみ方をしているのかが予

想できるため、既存ユーザーに対して次のキャンプの楽しみ方を提案できるようになります。ユーザー側にとっても次の楽しみ方に必要な製品を必要な時に提示してもらえる可能性が高くなり、自分の状況に全く合っていない営業を受けることは少なくなります。

2009年からこのポイントカード会員サービスは開始されています。1998年から考えると11年が経ってからの取り組みですが、スノーピークの成長を後押しした重要な仕組みの一つです。キャンプの楽しみ方の進化に合わせてランクアップを設計し、ユーザーをカードのランクごとにクラス分けすることで緩やかなパーソナライズを実現していました。この仕組みに加えて、この後詳述するスノーピークウェイと先ほど紹介したスノーピーククラブを通じて、ロイヤルカスタマー一人ひとりとやりとりをしています。山井氏はスノーピークウェイに参加するヘビーユーザーの顔や名前を覚えており、イベントにはよほどのことがない限り参加し、テントを回って一緒にユーザーとお酒も飲みます。イベント後もスノーピーククラブを通じて1対1のやりとりは続きます。ポイントカード会員サービス、スノーピークウェイでのテント訪問、そしてスノーピーククラブでのコメントのやりとりを通じて、一人ひとりのロイヤルカスタマーに向き合ってきたのでした。

6 オンライン・オフラインのイベントで交流を深める（パーティシペーション）

オートキャンプブームが去り、売上が減少する中、自分たちの存在意義を見つめ直す意味を込めて始まったスノーピークウェイ。1回目を開催した後も、ユーザーとスノーピークの社員が一緒にキャンプを楽しむイベントは年に複数回、全国各地で続いています。最近は1泊2日が多いようですが、以前は2泊3日が中心で開催されていました。そうすれば中日にテントの設営、撤収を気にせず、朝から晩までアウトドアに浸ることができるからという理由だったようです。

陽が落ちてからたき火トーク。そこで集まったユーザーたちから製品について、ここを使いやすくして欲しいという声があがり、そこからどう改良するのが良いかと話が進みます。火を囲みながらお客様であるユーザーに目の前で自分たちの製品に対する要望を突きつけられるのは、想像するだけですごい空間だと思います。このたき火トークはスノーピークウェイの醍醐味として続いています。

その他にも、参加者全員で楽しめるゲームも実施します。自分で折った紙飛行機を飛ばす紙飛行機大会やガーランドやネックライト作りなどのワークショップも最近では行われています。キャンプサイトの代金は参加者に負担してもらうものの、イベント自体の売上はゼロのようです。またイベント中に新製品の展示はあっても、販売はありません。販売の場所ではなく、あくまでユーザーとの接点の場と考えています。また、イベントはスノーピークとユーザーとの接点だけでなく、ユーザーとユーザーの接点の場でもあります。テントが隣り合った家族がその後友人になることがあったり、キャンプベテランが初心者に教えている場面もあったりします。

なおスノーピークウェイはポイントカード会員でなければ申し込むことはできません。このプログラムに参加するにはスノーピークの製品を購入しなければ参加できないのです。スノーピークウェイに参加してキャンプをするために製品を購入するケースもありえるでしょう。その場合スノーピークの製品の売上は、このプログラムへの参加フィーであったと捉えることができます。

このオフラインでのプログラムに合わせて先のスノーピーククラブもユーザーが参加できる取り組みです。スノーピークウェイで集まった人たちがイベント後もオンラインで集まって、それぞれが製品レビュー、アウトドアのレシピ、おすすめのキャンプ場などを書き込み、閲覧します。リアルなキャンプイベントとオンラインコミュニティという2つのプログラムに参加してもらうことで、ユーザーとの関係を深めたと考えられます。

7 高品質の製品を永久保証で提供する（パフォーマンス）

スノーピークがただ製品を販売するのではなく、パフォーマンスを販売する姿勢は、製品の永久保証に表れています。そもそも企画から製造するまでの開発プロセスを一人の開発担当者が手掛け、簡単には壊れない、自分が絶対に欲しいと思える品質の製品です。そうして生まれた製品は全て永久保証なので、製品を購入すると普通は付いている保証書はありません。保証期限がなく、永久に製品の保証をするので保証書が必要ないのです（ただし素材自体の摩耗や経年劣化などは対象外）。

ユーザーがキャンプをしている時に製品が壊れてしまえば、そのキャンプは台無しになります。家や街の中ならまだ代替品を用意することもできるでしょうが、山や川などの大自然では打つ手がありません。そのため、製品が壊れたり、使い勝手が悪かったりするのは、ユーザーが最も嫌だと感じる要素です。そのことを同じアウトドア愛好者としてスノーピークは分かっているからこそ、壊れなくて使い勝手が良いこと、つまりキャンプのパフォーマンスを保証しています。永久保証が決まっていると、余計に変な製品は作れません。新入社員も含めて全社員が永久保証という良い意味でのプレッシャーがあるので、品質もまた上がっていきます。

ユーザーがキャンプをする時にしっかりと製品がパフォーマンスを発揮できるように高

品質なものを提供するだけでなく、ずっとパフォーマンスを提供し続けられるためにユーザーの声を聞く機会を設けることを続けています。それが先のスノーピークウェイです。このイベントは元々自分たちに存在意義はあるのかという迷いを払拭するために始まっています。ただし今もこのイベントが続いているのは、自分たちの製品を通じて、本当にユーザーたちが自然指向のライフスタイルを実現して喜んでくれているのかを、自分の目で確認したい気持ちの表れでしょう。キャンプがない時にはスノーピーククラブでオンラインでつながり、キャンプそのものを充実させてもらう情報をユーザー同士が交換できる場を提供することで、ユーザーはスノーピークを通じて素敵なキャンプ体験を得ることができます。高品質の製品を永久保証で提供し、オフとオンのつながりを通して、充実したキャンプをユーザーが体験できるようにしているのです。製品そのものだけでなく、製品に永久保証とスノーピークウェイ、スノーピーククラブの全てがワンセットになって初めてスノーピークの製品だと考えることができます。

ケーススタディとして、ヤッホーブルーイングとスノーピークを取り上げました。2者はマーケティングの7Pを意識して活動してきたわけではなく、テクノロジーの活用度や各項目における取り組みの深さにバラツキはあるものの、7Pが押さえられていることを

スノーピークの7P

1 パーパス	アウトドア愛好者の既存ユーザーに、モノづくりも価値を伝えるプロセスも併せて手掛けることで幸せになってもらう
2 ポスト	SNSのようなサイトを立ち上げ、商品レビューやアウトドアのレシピ、おすすめのキャンプ場などのポストをUGCを使った形で大量に生み出す
3 ページデコ	写真やイラストがふんだんに使われていて、製品の写真も色々な角度から撮影したものが掲出されており、製品特徴や使用シーンをイメージしやすいカタログをユーザーに届け、お店に行かなくても通販で購入できるようにする
4 ピュア	短期的な売上を追うのではなく、社員が自分のお金を出して買わない製品は作らない
5 パーソナライズ	ポイントカード会員サービス、スノーピークウェイでのテント訪問、スノーピーククラブでのコメントのやりとりを通じて、一人ひとりのロイヤルカスタマーに向き合う
6 パーティシペーション	リアルなキャンプイベントとオンラインコミュニティという2つのオンとオフのプログラムに参加してもらうことで、ユーザーとの接点を深める
7 パフォーマンス	高品質の製品を永久保証で提供し、オフとオンのつながりを通して、充実したキャンプをユーザーが体験できるようにする

確認できます。

2つの事例から感じるのは、一人ひとりの人間に向き合っていこうとする姿勢です。商品を提供する相手は、顔の見えないマーケットではなく、つながりのある人々です。マーケットに働きかけるマーケティング（Market-ing）をしているというよりも、一人ひとりの人間に働きかけるピープリング（People-ing）をしているような印象を受けます。

ヤッホーブルーイングとスノーピークは冒頭で触れたように、ブーム終息に伴う経営の危機、そこからECやSNSが一般的ではない時代にオンラインを取り入れた活動、売上拡大よりもお客様と直接向き合う姿勢など、似通っている点が多々見受けられます。両社とも数十名程度の企業規模でこれらを実行してきました。企業の大小に関係なく自分たちも取り組めるのだと考えさせられます。

読者特典（11ページ参照）として収録しているもう2つの事例は芸能人が手掛けているものになります。お2人のタレント性に目を向けるのではなく、経営やセールス、マーケティングのプロではないのに、いやむしろそうではないからこそ、常識や商慣習、固定概念、定説、定石にとらわれずに、自由な発想で自ら試行錯誤を重ねて前に進んでいるところから学びたいと思います。そしてこの2つを含める4つのケーススタディで見られたマーケティングの7Pに取り組むことで、売り方のオンラインシフトを進め、ミーニングフル、エンゲージメント、セルフディフェンスというニューノーマル時代の生活者の変化に応え続けていきたいものです。

column

ニューノーマル時代に注目の最新テクノロジー

今後非接触経済が加速する中、CES2020で紹介されていた、オンラインシフトした販売モデルに影響を与えるだろうテクノロジーを3つ紹介したいと思います。

Ⅰ 人工人間ディスプレイ

サムスンが出資をするNEONが展示したのが、人工人間ディスプレイです。アーティフィシャル・ヒューマン（人工人間）をディスプレイの中で作り出して、その人物とコミュニケーションを図るというものです。人工人間の再生モードにはオートとライブの2種類があり、オートだけを見ていると本物の人間の動画を撮影して映しているだけなのではないかと思うほど本物の人間に見えます。ライブでスタッフがデバイスから指示をすると、目を閉じる、笑う、挨拶をするなど、指示事項に対して人工人間はスムーズに動きました。こうしたデモを見て、初めてこれは本物の人間を撮影して映しているものではないことが納得できたほど、人間のように見えるものでした。

2020年時点では基本的な動きしかないようですが、店頭窓口での限られた範囲内での顧客対応業務などなら対応できるテクノロジーだと感じられました。またVtuberのようにオンラインでのライブコマースなどに活用できるかもしれません。外出自粛が緩やかに落ち着いていったとしても対面での接客に対して警戒心を感じるお客様にとってみれば、人工人間ディスプレイには可能性を感じます。またオフラインでの立地を持つ企業はこうしたテクノロジーの導入により、資産の活用が考えられます。最近では、P&GのSK-IIがこの人工人間（NEONのサービスかどうかは不明）を活用したブランドサイトをローンチしています。

2 スリム化したAR/VRゴーグル

ARはPokemon GOで、VRはフェイスブックによるオキュラス買収で一気に注目が集まりました。CTAは、AR、VRをリアリズムの再定義（Realism Redefined）という概念でまとめ、今後ますますBtoC、BtoBのそれぞれで浸透が進むと紹介しています。特にコンテンツ、ストーリーテリングをVRとARが劇的に変えたり、SNSもVRスペースができたりするだろうと予想しています。

2020年のCESで展示されていたARとVRのゴーグルはこれまでと比べてずいぶんスリム化されている印象を持ちました。特にARグラスは通常の眼鏡とほぼ遜色ないレベルにまでなっています。またVRゴーグルもまだある程度の厚みはあるものの、これまでに比較すればかなりのスリム化を果たしたと感じられました。今後さらにゴーグルのスリムが進めば普段の生活にAR、VRが浸透し、AR、VR体験がより日常的なものになることが期待されます。非接触経済の加速と5Gの普及により、VRの需要は増すことが予想されます。仮想空間における商談は絵空事ではなくなるでしょう。シンガポールのニュース番組でもVR商談の特集は何度か組まれています。

人が集まれる場をオンラインで提供できる手段として、没入型メディアのVRはその場に集合していないのにしているような感覚を提供してくれることもあり、今後一層の進化が期待されます。またARについても、実店舗に足を運ばずに「AR試着」でその服が自分に似合うのかを確認できるようになったりと、ARを活用して自分の家がまるで販売店のようになる新しい買い物体験を提供するものとして普及が期待できます。

3 ブロックチェーンスマホ

2020年のCESでは、世界初のブロックチェーン対応のスマホがシンガポールのスタートアップから展示されていました。一台で、これまでのスマホとなんら変わらないモードと、ブロックチェーンモードとを簡単に切り替えることができ、ブロックチェーンモードで使用すると電話やウェブのデータを保護することができます。セルフディフェンスで紹介しましたが、個人情報データ管理は非常にホットなトピックです。

このようなデバイスが出てきたことによって、今後生活者自身が個人データを保護できる選択権を企業側が提供することが求められるようになるでしょう。これまではブランドが用意した規約に同意すればサービスを提供、同意しなければ即退出といった企業側の一方的なサービス提供の在り方でした。しかし、それでは納得しない生活者が増えてくることが考えられます。アメリカのカリフォルニア州消費者プライバシー法（CCPA）はまさにそうした企業側の一方的な姿勢を認めない兆候だといえます。

おわりに

アリババで副社長を務めたポーター・エリスマン氏が著書『アリババ　中国eコマース覇者の世界戦略』（新潮社、2015年）にてこのような記述を残していました。「2003年、中国でSARSが流行した時、アリババは窮地に追い込まれた。SARSと診断された社員が出たことから、本社の社員500人が自宅に隔離され、互いに離ればなれの状態で、ウェブサイトの運営を続けることを余儀なくされたのだ。しかし、この危機にチャンスが生まれた。この時期、直接相手と会って仕事が出来ずに困っていたのは、アリババだけではなかった。個客たちも困っていた。もはや電子商取引だけが、商売を続ける唯一の手段だった。わたしたちはそれまでも電子商取引の利点を一生懸命、訴えてきた。しかし電子商取引を利用する中国企業がいっきに増えたのは、SARSの流行がきっかけだった。（中略）SARSの流行の影響で、直接相手と会わずに取り引きできる安全な手段として電子商取引が注目され、導入する企業が相次いだ」。

2003年私はまだ学生で、SARSってあったなくらいしか記憶がないのですが、コロナパンデミックを経験した今の私にとっては、中国は17年前に既に同じことを経験しているのかと思うと、中国に対して脅威を感じざるを得ませんでした。アメリカやヨーロッパ、そして日本がパンデミックで停滞している中、外出自粛の経験者である中国はスピードを落とすことなく、経済を動かすことが可能だと想像できるからです。現に仕事で中国の現地スタッフと話をしていても、そんな空気を感じます。

池上彰氏は「人類の進化の過程には「病気」が深くかかわっていることがわかってきました。病をもたらすウイルスと共存することで、私たちは進化してきたし、人類の歴史を変えてきたわけです」と著書『考える力がつく本』（小学館、2017年）で述べています。2020年のコロナパンデミックは、まさに人類の進化に関わってくる出来事だと考えられます。その進化の一つの兆候が、企業のデジタルトランスフォーメーション（DX）です。ただDXと聞いても何から手を付ければよいのか想像がつかないものです。マニュファクチャリング、サプライチェーン、マーケティング、ヒューマンリソース、ファイナンスなど、デジタルはあらゆる分野に関わり、広すぎて、やることが多すぎて、結局何をしたらよいか分かりません。そう感じた時に、少なくともさまざまな商品を「売る」ことに携わってきた私としては、商品を売る部分におけるデジタルトランスフォーメーションくらいは何をしないといけないのかを考える必要があると感じたのでした。DXが注目される前から、ネットフリックスやUber、Airbnbが実行しているデジタルディスラプティブに興味と恐怖を抱き、幸運にもその頃からシリコンバレーやテックジャイアントの本社に足を運ぶことができ、そこで見て聞いて感じた内容が、この売り方のオンラインシフトを考えるうえで役立ちました。

デジタルがもたらす価値は、低コストでさまざまな接点を作れることです。インターネットにアップした自分のブログをアフリカの人にも読んでもらうことはできます。継続的に接点を作ることもできます。RSSによって、ニュースやブログなどの更新情報が、こちらからアクセスしなくとも自動的に知らせてくれます。SNSでフォローしてもらえば、連絡先を引っ張りださなくても、連絡することが可能になります。低コストでしかも継続的に接点が作れると多くの「点」が、線になり、そして面になることを意味します。つまり今まで点でのお付き合いしかできなかったお客様に、線として、もしくは面として、接することができるようになります。この接する量の増加をお客様との関係構築に使うことが売り方のオンラインシフトの根本的な考え方です。

今までは少ない接点だったので提供できる価値が限られていましたが、線や面で接する機会が増える分、もっとお客様のためになることを提供していきましょう、ということです。お客様にとって、今後も必要な存在になるには、生活の中のたった一つのことだけを満たしている場合ではありません。お客様はいつでも困っているので、その時にいかに役立てるか、それを自分の事業と関連性があるものは全てサポートすることが今回紹介した取り組みで可能になると考えています。

その時に必要となるのがデータです。データは目的ではありません。お客様との関係性構築のための手段です。お客様と長いお付き合いができるように、データを手段としてお客様のことを理解し、「私のことを分かってくれている」と感じてもらい、お客様に友達、ファンになってもらいます。このデータをオンライン起点で収集していくわけですが、これまでのオフラインは一切不要になってしまうのかというとそうではありません。オフラインがあるのなら活用します。オフラインでの接点は商品を直接触ってどんなものかを確認できる・試せるメリットがあります。リアル店舗だからこそできることはあるものです。

そもそもお客様が商品を買ってくださるのならオフラインだろうがオンラインだろうが、どこで買ってもらってもよいのです。ただそのオフラインの接点をOMOの考え方でオンライン同様にデータを集める工夫をしていきます。例えば2020年の外出自粛期間中アメリカではウォルマートが、お客様が事前にネットで購入した商品をお客様が来店されるまでにピックアップしておいて、来店時にはドライブスルー方式で車のトランクに商品を載せるクリック&コレクト型の販売を実施しアマゾンよりもその間の販売を伸ばしたという話があります。これによりウォルマートはどのお客様が何を購入されたかデータを取得できたことになります。得られたデータがお客様の役に立つことにつながります。不要な情報提供・商品提案をする必要がなくなり、本当にお客様が求めているものを適切なタイミングで予測して提供することが少しでもできるようになります。そうすればお客様が商品を購入する際に、無駄な時間やストレスをかけずに済みます。

今回売り方のオンラインシフトを考えてきたわけですが、7つの取り組みが、誰に何を、どのように提供し、どうお金をいただくかというビジネスの在り方自体を考えることにつながっていたことに気づきました。少しでも今回の内容が、ニューノーマル時代のビジネスに役立てれば幸いです。

以前マーケティングの神様とも呼ばれるフィリップ・コトラー氏が来日した際に立ち話で10分くらいでしたが、直接話す機会を得たことがあります。当時ネスレ日本の社長であった高岡浩三氏がコトラー氏と二人でお話されているところに、タイミングを見計らって割って入って話しかけました。きっとコトラー氏は現在十分な学術的検証を踏まえた内容をまとめて、マーケティング5・0として2021年くらいにはウィズ・アフターコロナのマーケティングなるものを発表してくれるものだと思います（本書執筆後発売前に、2021年年2月にマーケティング5・0が発売予定との情報が入りました！）。ただ私たちはそれまで待っていられません。私たちは考えながら走るしかないわけです。本書の内容は、定量的な調査をしているわけではなく、ケーススタディも仮説を完全にカバーしているとも言い切れないため、今走るためのツールととらえてもらいたいと思います。

違う結果が欲しければ、違うように物事を捉えて、違う行動を起こさないといけないものです。コロナパンデミックによる影響をどう受け止めてどう対応していくか、私たちには選択の自由があります。その選択肢の一つと考えてもらいたいと思います。もちろん他のシナリオを考える方もいるかと思います。コロナパンデミックが終息すればまた人はビフォーコロナの時と同じレベルで実店舗に戻るという考えを持つ方もいると思います。オンラインシフトでは規模を追えないという意見の方もいると思います。しかし、今までの前提や定説をいったん忘れて、ゼロベースで考えてもよい時なのかもしれません。リセットです。ただ、今回思考したことは行動することで初めて現実化することを改めて自分に言い聞かせたいと思います。

さて、この本を執筆していた終盤、ある方の訃報がありました。２０２０年7月31日TUGBOATの岡康道さんが63歳という若さでお亡くなりになりました。岡さんは紛れもなく広告業界のスーパースターです。私がTUGBOATグループでお世話になった大切な方でもあります。今でも岡さんと初めてお会いした日を忘れられません。リクルートを出てシンガポールの広告代理店で働くことを決めていた私に、ある方が岡さんを紹介してくださったのでした。岡さんは広告界のスーパースターですから、一度でも生で顔が見てみたい、話をしてみたいと思った私は、ミーハー気分で表参道のバルビゾンビルに行ったことを覚えています。「岡です。よろしく」と一言いわれて、その後自分の話を5〜10分くらいしたところ、二言目が「で、いつ来れるんだ？」とおっしゃったのでした。あまりに唐突で全く事態を把握できませんでしたが、その一言でシンガポールの広告代理店の内定は辞退して、TUGBOATグループに加わることになりました。クライアント先に岡さんと二人で行く時は、クライアントにプレゼンするよりも道中に緊張したことを今でも覚えています。私は海外で働く希望を捨てきれず、大した成果も出さないままにTUGBOATを離れることになりましたが、岡さんとは年賀状等でやりとりが続いていました。この場を借りてプロフェッショナルとはどういうことなのかを教えてくださったことにお礼を述べさせていただきます。

最後に、本書は私にとって2冊目の著書になります。1冊目は34歳の時に書き始めてだらだらと1年かけて35歳で完成させ、36歳の時に出版されました。書き始めてから2年半くらいかかったことになります。それに引き換え今回は新型コロナウイルス感染症によるリモートワークで、通勤時間及び出かけるための用意の時間が1日約2時間浮きましたので、これを活用したことで数か月で一気に書き終えました。さまざまな企業や商品を「売る」ことに携わってきたとはいえ、自分の肩書きをマーケターと思ったこともなくマーケティングを体系立てて誰かに教育されたこともない私が、マーケティングの7Pという内容を提示して恐縮ですが、少しでもこの内容が新型コロナウイルス感染症に苦しむビジネスパーソンのお役に立てば幸いです。

最後にコールトゥアクションとして、ぜひレビューをアマゾンやブログなど色々なところで書いていただければと思います。1日でも早く新型コロナウイルス感染症が終息することを願っています。

2021年4月　コロナパンデミックの渦中に

玉井博久

本書初版分の著者印税は、全てを新型コロナウイルス感染症に苦しむ方々に寄付いたします。